Bondage - Lust oder Last

Tabea Night

Bondage – Lust oder Last

Ein Ratgeber zum Umgang mit der neuen Leidenschaft

Bibliografische Information der Deutschen Nationalbibliothek:
Die Deutsche Nationalbibliothek verzeichnet diese Publikation in der Deutschen
Nationalbibliografie; detaillierte bibliografische Daten sind im Internet über
http://dnb.dnb.de abrufbar.

© 2015 Tabea Night
Illustration: fotolia.com/ focus

Herstellung und Verlag: BoD – Books on Demand, Norderstedt

ISBN: 978-3- 734790690

Inhaltsverzeichnis

Vorwort

> ➤ Du hast Lust auf etwas Anderes und bist die Langeweile im Liebesleben satt?
> ➤ Dein Partner könnte Dich ruhig mal ein wenig grober anfassen und Dir so seine Liebe bekunden?
> ➤ Oder empfindest Du nichts, wenn er immer nur Blümchensex möchte und hast längst erkannt, was Du wirklich möchtest?

Egal mit welcher Intension Du Dich diesem Ratgeber widmest, Du wirst die breite Welt des BONDAGE entdecken und wirst erkennen, dass Du viel mehr als nur harmlosen Sex zum Glück nutzen kannst.

Hast Du Deine Neigung erst einmal entdeckt und möchtest sie intensiv leben, dann solltest Du mit den Grundregeln im BONDAGE vertraut sein und wissen, dass Du diskret und vorsichtig sein musst.

Der Ratgeber ist aber keinesfalls ein Leitfaden für Deine Sicherheit und somit trockene Theorie, sondern

> ➤ er führt Dich in die dunklen Tiefen des BONDAGE hinab und erklärt Dir Praktiken, zeigt Dir Erlebnisse und sagt Dir, wie Du Deine Wünsche spielen und eine Rolle für mehr Leidenschaft leben kannst

> ➤ er sagt Dir aber auch, worauf es wirklich ankommt und worauf Du achten musst.

➢ er animiert Dich nicht zum Fremdgehen, weist Dich aber wohl darauf hin, welchen Spaß und welche Abwechslung Du mit neuen Partnern oder wechselnden Partnern erleben kannst.

Ganz einfach und in strukturierter Übersicht wird Dich der Ratgeber auf eine sexuelle Ausrichtung vorbereiten, die mehr als nur Schläge mit der Peitsche oder ein Bondage von Deinem Partner beinhaltet.

Du wirst Dinge erfahren, die für das Ausleben Deiner Neigung von großer Wichtigkeit sind und die Dir schon beim Lesen große Lust bereiten werden.

Am besten lehnst Du Dich zurück und lässt die Eindrücke auf Dich wirken. Genieße die Ausführungen und merke, dass BONDAGE eine ganz natürliche Sache und keine Perversion im Geiste kranker Menschen ist.

Du bist Dir unsicher?
Nach diesem Ratgeber wirst Du genau wissen was Du möchtest und wirst keine Scheu mehr haben, Dir einen Spielpartner zu suchen und mit ihm offen über Deine Bedürfnisse zu sprechen.

Bist Du bereit?
Dann nehme meine Hand und lasse Dich in eine Dir unbekannte und magische Welt entführen.

1. Ist BDSM etwas für mich?

BDSM ist nicht nur eine rein sexuelle Ausrichtung und kann in Dir unterschiedliche Emotionen auslösen. Hast Du die Neigung erkannt und möchtest sie in Deinem Leben einbinden, wirst Du mit einigen Fragen konfrontiert. Die kann Dir niemand beantworten, da Du nur allein herausfinden kannst, was BDSM für Dich wirklich ist und welchen Weg du gehen möchtest. Du kannst die ausschließliche Lust zur sadomasochistischen Ausrichtung beim Liebesspiel spüren, aber auch im Alltag eine gewisse Dominanz oder devote Haltung einnehmen. Allerdings muss Dir klar sein, dass es gravierende Unterschiede zwischen dem Ausleben der BDSM Sexualität und der vollständigen Integration einer Neigung in Deinem Leben gibt.

Hast Du die Vorliebe zur harten Gangart im Bett für Dich entdeckt, musst Du nicht unbedingt mit der gleichen Neigung im Alltag auftreten. Viele Menschen halten es wie Du und sind im Alltag unverändert, während sie im Liebesleben ihre neu entdeckte Neigung ausleben und es genießen. Oftmals ist zu beobachten, dass im Alltag und im Beruf starke und dominante Menschen im Liebesleben eher devot und masochistisch sind, während zurückhaltende Menschen durchaus im Schlafzimmer zur Hochform auflaufen und die Dominanz über ihren Partner ausleben. Fakt ist, ehe Du eine Entscheidung triffst und Deinen neuen Weg beschreitest, wirst Du probieren und prüfen, was genau Du Dir wünschst und was BDSM für Dich ist. Hast Du die Ausrichtung Deiner Neigung bereits erkannt und weißt ob Dominanz oder Unterwerfung Dein Steckenpferd ist, wirst Du vieles ausprobieren und Deine Sparte im BDSM finden. Hat Dich die Erkenntnis, dass Du auf die harte Gangart stehst, wie ein Blitz getroffen und kam praktisch aus dem Nichts?

Das muss Dich nicht sorgen, denn den meisten Menschen geht es so. Oftmals reicht ein kleiner Anreiz aus der Dir zeigt, warum Dein bisheriges Liebesleben für Frust und nicht für Lust sorgte. Auch Deine Phantasie kann eine große Rolle spielen und Dich erkennen lassen, was Du gerne einmal probieren und in Deine Sexualität integrieren möchtest. Am einfachsten kannst Du das Neue ausleben, wenn Dein Partner ebenso orientiert und das passende Pendant für Dich ist. Ungeachtet dieser Tatsache ist es für Dich und Deine Psyche ratsam, die Neigung nicht zu unterdrücken und Dich weiter mit unbefriedigendem Sex zufrieden zu geben. Ist BDSM für Dich mehr als nur der Wunsch nach Unterwerfung oder Dominanz beim Sex, wird es noch schwieriger gegen die Neigung zu leben und Du solltest es gar nicht erst probieren. Denn dann handelt es sich um eine Leidenschaft, die Dein Leben maßgeblich prägt und die dafür zuständig ist, ob Du glücklich oder unglücklich, zufrieden oder frustriert und psychisch belastet bist. Was BDSM für Dich wirklich ist und wie die Neigung Dein Leben beeinflussen wird, findest Du nicht über Nacht heraus. Hast Du Dich für diesen Weg entschieden, läufst Du nicht Hals über Kopf in eine neue Richtung. Du probierst und testest, lernst neue Grenzen kennen und wirst den stetig steigenden Wunsch verspüren, diese Grenzen zu überschreiten und Entdeckungen zu machen die für Dich bisher nur im Verborgenen existierten.

Die vielen Fragen die Du Dir stellst, sollten sich nicht auf Dein Leben auswirken und keinesfalls zu viel Raum in Deinen Gedanken bekommen. Natürlich wirst Du nach Antworten suchen. Doch findest Du diese nicht, in dem Du Dich hinterfragst oder mit anderen Menschen sprichst. Du findest sie in Dir selbst und in Deinen Handlungen, die Dir die Richtung weisen und Dir genauer als alle Antworten sagen, was BDSM für Dich wirklich bedeutet und welche Wünsche, Träume und Phantasien Du hast.

Dass Du mit Deiner Neigung nicht alleine bist, merkst Du schnell und wirst so auch ganz anders mit der Ausrichtung umgehen. Die Freude auf Dein neues Leben und eine gnadenlose, hemmungslose und von Phantasien geprägte Sexualität wird Dich beeinflussen und Dein Lebensgefühl verändern. Mit Deiner neuen Lust geht eine Dir bisher nicht bekannte Experimentierfreude einher. Immer neue Ideen werden sich in Deinem Kopf entwickeln und Du wirst es kaum abwarten können, diese Gedanken real zu erleben und Dich den Situationen zu ergeben. Ich spreche bewusst nicht vom Ausliefern, da dies bei dominanter Neigung für Dich keine Rolle spielt. Du wirst sowohl passiv, als auch aktiv an Deine Grenzen stoßen und genau die Momente und Situationen suchen, die sich in Deinem Kopf manifestiert haben und die für Dich mit BDSM verbunden sind.

Lass Dich von Deinen Emotionen und Wünschen leiten und tue genau das, was Du Dir vorstellst und was für Dich BDSM ist. Dabei empfehle ich Dir den langsamen und bedachten Weg in Deine neue Orientierung. Du wirst nicht innerhalb kurzer Zeit alle Wünsche erfüllen und wirst auch nicht beeinflussen, wie intensiv Dein Partner auf Dich eingeht und welche Momente er Dir beschert. Gerade als Newbie sind Enttäuschungen vorprogrammiert. Diese kannst Du erleben, in dem Dir eine Praktik die in Deiner Phantasie so toll und erlebenswert erschien, in der Realität nicht die vermuteten Emotionen erzeugt.

Aber auch ein falscher Partner kann das Gefühl begünstigen und Dir die Lust verleiden. Sobald Du spürst, dass Dir eine Session nicht die gewünschte Befriedigung verschafft und Dich eher abtörnt, solltest Du abbrechen und mit klarem Kopf analysieren und herausfinden, warum die Erfüllung ausblieb. BDSM bedeutet für Dich die totale Hingabe und Vertrauen. Du gehst auf Deinen Partner ein, egal ob Du ihn dominierst oder ob Du Dich ihm unterwirfst und lebst mit ihm das aus, was BDSM für Dich ist. Doch handelt es sich nicht einfach nur um eine Spielart, sondern um einen sehr facettenreichen Aspekt mit unbegrenzten Möglichkeiten, sehr individuellen Erlebnissen und Momenten die sich direkt aus der Situation ergeben. Dass Du mit Deinen Erfahrungen wächst, muss ich Dir nicht separat sagen. Hast Du BDSM für Dich entdeckt, können die ersten Erlebnisse Dir noch lange nicht das spiegeln, was Du im Laufe Deines Lebens kennenlernen und erfahren wirst. Denn es gibt keine Grenze, außer Du steckst sie ab und begibst Dich in ein für Dich geschlossenes Terrain. Die Erkennung was BDSM für Dich ist, kannst Du schnell finden, aber auch viele Jahre mit der Suche nach der Perfektion zubringen. Lass Dich von Deinen Emotionen und Wünschen treiben, so findest Du Deine Erkenntnis.

2. Ich will Intensität und harte Leidenschaft – doch wie?

Die vielen Facetten im BDSM können schnell zur Irritation führen und dafür sorgen, dass Du Dir gar nicht so sicher bist, wie Du Deiner Neigung Raum im Leben geben willst. Zuerst solltest Du Dich zwischen der Dominanz und Unterwerfung entscheiden, ehe Du konkret zu bestimmten Spielarten tendieren und Deine Entscheidung präzisieren kannst.

Nicht immer wird Dir diese Entscheidung leicht fallen, vor allem wenn Du noch am Beginn Deiner "Karriere" stehst und erst herausfinden musst, welche Leidenschaft Deine Gedanken prägt. Wenn der Reiz für Dich im Dominanten und Unterwürfigen gleichermaßen liegt, ist der Spielraum natürlich noch viel größer und kann Dich vor einige Rätsel stellen. Es ist kein Problem, dass Du sowohl dominieren als auch der masochistischen Neigung Raum geben willst und überlegst, zwischen den Möglichkeiten zu Switchen.

Vor allem in einer lockeren BDSM Beziehung kannst Du mit verschiedenen Partnern sowohl die eine, als auch die andere Vorliebe ausleben. Es gibt Menschen, die ihr Leben lang Switchen und sich nie nur der einen Facette verschreiben. Im Laufe der Zeit erkennst Du, welche Rolle Dir wie maßgeschneidert auf den Leib passt oder ob Du BDSM in der passiven und aktiven Ausübung gleichermaßen zum Lustgewinn wählst. Je offener Du Dich Deiner Neigung auslieferst und Dir keine unnötigen Grenzen setzt, umso mehr Spaß wirst Du haben und umso intensiver erkennen, warum Du Dich für diese Neigung entschieden und sie zum Bestandteil in Deinem Leben werden hast. Erste Probleme können auftauchen, wenn Du in einer festen Beziehung lebst und Dein Partner Dich nach der Äußerung Deiner Wünsche nur verständnislos und schockiert ansieht. Auch die gleiche Neigung wie der Partner kann zum Problem führen.

Bist Du dominant und Dein Partner ebenfalls, ist eine gemeinsame Basis zum Ausleben eurer Leidenschaft praktisch ausgeschlossen. Zumindest miteinander. Nun heißt es zu überlegen, ob Deine Neigung im Vordergrund steht und Du die Beziehung dafür aufgeben, oder aber mehrgleisig fahren möchtest. Generell kann ich Dir sagen, dass Du die Leidenschaft nie dauerhaft unterdrücken kannst und dass Du zwangsläufig zum Fremdgehen tendieren wirst, wenn Du nicht mit Deinem Partner gemeinsam spielen und Deiner Lust Raum in der Beziehung geben kannst.

Noch bist Du nicht an dem Punkt angelangt, an dem Du Dir zu viele Gedanken über den Verlauf und die vor Dir liegende Zeit machen solltest. Wichtiger ist es, Deine Wünsche zu definieren und herauszufinden, wie Du selbst BDSM erleben und in Dein Leben aufnehmen willst. Zuerst kommst Du und dann folgt der Partner. Das mag hart und egoistisch klingen, doch ist es die einzige und wirklich reale Möglichkeit, nicht auf Deine Leidenschaft zu verzichten und sie in dem Maß zu leben, wie Du es Dir wünscht und wie es in Deinem Leben geschehen soll. Intensität, Vertrauen und Nähe, Schläge und Peitschenhiebe, die totale Hingabe und Unterwerfung, all das sind Begriffe dir nun durch den Kopf gehen und mit denen Du Dich, da kannst Du sicher sein, immer häufiger beschäftigen wirst. Du wirst Dir klar über die Emotionen werden und kannst dann überlegen, wie sich der Rahmen um Deine neue Neigung gestalten wird.

2.1. Spielt mein Partner mit?

Wenn Du in einer festen Beziehung lebst und Deine Neigung innerhalb der Partnerschaft erkennst, ist das die Frage aller Fragen. Auf einmal werden viele Dinge in Deinem Umfeld unwichtig für Dich und Du fokussierst Dich auf den Moment, in dem Du Deinem Partner beichtest, dass er Dich gerne härter anfassen kann oder Du ihn härter anfassen möchtest. Du wirst Dich, wie ich Dir aus Erfahrung berichten kann, lange vor der Ansage und dem daraus resultierenden Gespräch drücken und sogar zeitweise die Hoffnung hegen, dass die Neigung wieder verfliegt oder Dein Partner von selbst auf die Idee kommt und Dir das Gespräch praktisch aus der Hand nimmt. Ich versichere Dir, nichts von beidem wird eintreffen und Du wirst nicht umhin kommen, mit Deinem Partner zu sprechen und schlagkräftige Argumente auf den Tisch zu packen.

Einfach hast Du es, wenn Du an Deinem Partner bereits den leichten Anflug der Neigung entdeckt hast und Dir denkst, dass er sich nur aus Rücksicht auf Dich zurückhält. Doch in den wenigsten Beziehungen ist es so einfach und Du, beziehungsweise die Beziehung, wird auf eine harte Probe gestellt. Jetzt mache Dich nicht verrückt und warte nicht auf den richtigen Zeitpunkt. Je länger Du das Gespräch vor Dir herschiebst, umso mehr arbeitest Du am Bruch in eurer Beziehung. Gehe nicht vom Schlimmsten aus und setze voraus, dass Dein Partner Dich verachten und sofort mit gepackten Koffern aus dem Haus stürmen wird. Er hört Dir zu, egal ob er sich für Deine Neigung begeistern kann, um Bedenkzeit bittet oder mit dem Begriff BDSM gar nichts anfangen kann. Ob er mitspielt oder nicht, kannst Du sogar beeinflussen und das Gespräch in die von Dir gewünschte Richtung lenken.

Fällst Du nicht gleich mit der Tür ins Haus und knallst die Peitsche vor ihm auf den Tisch, wird er sich nicht erschrecken und wird sich von Dir die Facetten des BDSM und vor allem Deine Wünsche erzählen lassen.

Ehe Du mit schlagkräftigen Argumenten auf des Pudels Kern kommst, solltest Du Dir überlegen, wie Du selbst in umgekehrter Form reagieren und wie Du Dir den Verlauf des Gesprächs wünschen würdest. So hast Du den besten Anhaltspunkt, um auf den Punkt zu kommen und Deinen Partner langsam mit der in Dir brodelnden Veränderung vertraut zu machen. Versichere ihm dabei auch immer wieder, dass es sich nur um eine sexuelle Neigung handelt und Du im Charakter, in Deinen Vorlieben und Hobbys immer noch derselbe Partner bist. Du bist ja nicht gleich ein anderer Mensch, nur weil Du auf Schläge stehst oder Deinen Partner gern härter anfassen möchtest. Viele Menschen haben diese Phantasie und so kann es durchaus passieren, dass Dein Partner die Neigung voll und ganz akzeptiert und Du Dir umsonst die Haare gerauft hast.

Um das herauszufinden und dementsprechend reagieren zu können, solltest Du Dir die Zeit bis zum Gespräch nicht lang werden lassen. Bewährt hat sich die Reihenfolge, in der Du erst seichte Elemente ins Liebesleben einfließen und Deinen Partner prüfen kannst, ehe Du mit dem Gespräch kommst und Klartext redest.

2.2. Passiv oder aktiv?

Da ist sie, die Frage die Du Dir stellst. Bist Du masochistisch und wünscht Dir Peitschenhiebe auf Deinen Po, eine Fesselung oder die Dominanz Deines Partners, dann wirst Du den passiven Part bevorzugen und bist der Partner, der empfängt und sich unterwirft. Verspürst Du aber beim Anblick Deines Partners die Lust ihn zu dominieren und kannst Dir die Striemen auf seiner Haut in Deiner Phantasie bereits vorstellen, wirst Du die aktive Rolle übernehmen. Doch so einfach ist es nicht immer. Nicht nur Du, sondern auch viele andere Menschen die BDSM für sich entdecken, können sich sowohl die eine, als auch die andere Rolle vorstellen und verspüren in der Domination, aber auch in der Unterwerfung große Lust. Hier hast Du es noch einfacher und kannst mit Deinem Partner einfach im Spiel entscheiden, was Du aktuell spüren willst und welche Rolle Dich heute begeistert.

Besonders schwer wird es für Dich, möchtest Du dem Partner eine aktive Rolle beichten und ihn dazu bringen, den passiven Part zu übernehmen. Während er sich das Ausleben seiner maskulinen Stärke an Deinem Körper durchaus vorstellen und ausmalen kann, wird er nicht unbedingt vor Dir knien und Dich um Gnade anwinseln wollen. Es gibt durchaus devote Männer, doch wenn Du genauso ein Exemplar zu Hause hast, hast Du wirklich großes Glück gehabt und wirst es mit Deinem Gespräch und dem Finden Deiner Rolle in eurer Beziehung nicht schwer haben. Bedenke immer, niemand von Dir verlangt eine umgehende Entscheidung zu Deiner Rolle. Oftmals findest Du auch erst nach längeren Sessions und mit wechselnden Partnern heraus, ob Du eher passiv oder eher aktiv bist.

Vergleiche es nicht mit dem Sex, bei dem Du lieber die aktive Rolle übernommen hast. Nur durch den Ritt auf Deinem Partner oder einem freiwilligen Blowjob musst Du nicht automatisch aktiv sein und auch im BDSM den führenden und dominanten Part übernehmen wollen. Beide Rollen haben ihren besonderen Reiz und beherrschen Deine Sexualität, wenn Du den für Dich geeigneten Part übernommen hast. Im BDSM kannst Du als passiver Part eine enorme Lust erleben, ganz ohne dass die Penetration dabei eine Rolle spielt. Du ziehst Deinen Lustgewinn allein aus dem Gefühl der Unterwerfung und aus dem Schmerz, der bei masochistischer Ader die Lust noch steigert und Dich in ungeahnte Höhen entschweben lässt. Die Dominanz hingegen wird Dich nur faszinieren, wenn Du wirklich diese Ausrichtung lebst und wenn Dir Dein Körper und Dein Geist signalisieren, dass Du herrschen, beherrschen und verantwortungsvoll dominieren möchtest. In der passiven Rolle wird Dir eine bisher unbekannte Intensität zuteil und wird Dir zeigen, wie Dein Körper auf verschiedene Handlungen reagiert.

Du wirst Lust spüren, wo Du gar nicht an den Lustgewinn dachtest und musst Dich nicht wundern, wenn Du gefesselt an einen Stuhl, nackt und allein auf einmal eine feuchte Hitze in Dir aufsteigen und aus Deinem Körper fließen spürst. Gerade als unerfahrener passiver Part wird Dich die Erregung in Momenten aufsuchen, in denen Du gar nicht mit ihr rechnest und nicht im Traum daran denkst, dass die Situation Säfte fließen lässt.

2.3. Im Partner Begeisterung entfachen

Dein Partner ist schon einmal nicht abgeneigt. Gut. Denn sonst wärst Du gar nicht bis zu dem Punkt gelangt, an dem Du ihn begeistern und Teil Deiner Neigung werden lassen möchtest. Doch nun kommt der schwierige Teil und Du solltest genau überlegen, wie Du Deinen Partner vorbereitest und in BDSM einführst. Dass er nicht abgeneigt ist und nicht sofort ablehnend reagiert heißt nicht, dass er die Neigung mit Dir teilt und selbst über eine sadomasochistische Ader verfügt. Jetzt ist Dein Taktgefühl gefragt und Du musst ihn lenken, ohne dass er Deine Steuerung merkt und sich aus diesem Grund sperrt oder abwendet.

Besinne Dich zweier ganz einfachen und für Männer immer faszinierenden Dinge. Reizwäsche und Pornos. Empfängst Du ihn im verruchten Outfit und signalisierst so ganz deutlich Deine Lust, wird sich die Erregung nicht lange bitten lassen. Wähle aber Dessous, die zu Deiner Neigung passen. Trage aber nicht zu dick auf. Eine hautenge Korsage, ein String Tanga mit Ketten oder auch ein schickes Halsband als Accessoire reichen vollkommen. Auch auf das Make Up solltest Du nicht verzichten und Dich so verführerisch wie nur möglich präsentieren. Aber Achtung, Rosa oder unschuldiges Weiß gehören nicht zum BDSM und sollten an diesem Abend lieber im Schrank bleiben. Nun kommt es zum Thema, welches Dir mehr Kopfzerbrechen als der Look bereitet. Wenn Du mit Deinem Partner noch nie gemeinsam Pornos geschaut hast, verlangt Dir dieses Detail schon ein wenig Selbstvertrauen und Mut ab. Doch solltest Du nicht darauf verzichten.

Du heizt nicht nur die Stimmung an, sondern hast natürlich einen Sexfilm gewählt, in dem BDSM die Hauptrolle spielt.

Sieh von Hardcore Verfilmungen für Fortgeschrittene ab und suche etwas Seichtes, etwas, was schon auf Deine Wünsche verweist, dabei aber nicht zu hart für Deinen Partner ist. In den Rubriken Bondage und Spanking finden sich verschiedene Filme, die sich für den ersten BDSM Abend mit Deinem Partner eignen und die seine Phantasie beflügeln, ohne ihm Angst zu bereiten. Halte Dir immer vor Augen, dass Du ihn begeistern willst. Während ihr den Film schaut und die Hände nicht voneinander lassen könnt, solltest Du bei Dich faszinierenden Szenen nicht nur still genießen, sondern Deinen Wohlgefallen zum Ausdruck bringen.

Hast Du Handschellen oder ein Seil auf dem Tisch liegen, kann dieses direkt zum Einsatz kommen und Du bittest Deinen Partner, mit Dir genau das zu tun, was ihr gerade seht. Geht er darauf ein, hast Du so gut wie gewonnen und es verspricht eine heiße Nacht zu werden. In seiner Erregung durch den Porno, der Berührung Deiner Hände und durch Dein erotisches Outfit wird er kaum nein sagen, da er Dir nicht widerstehen kann. Das ist der beste Zeitpunkt für ein Spiel in dem Du ihn langsam zu Dir und Deiner Neigung führst und dabei selbst so erregt sein wirst, dass ihr euch nicht lange beim Vorspiel aufhaltet. Effektiv ist auch, wenn Du die Position der Darstellerin im Porno nachahmst und ihn so indirekt zu einer Handlung aufforderst, die vor euch auf dem Bildschirm abläuft und die Du Dir wünscht.

2.4. Was kann ich tun, wenn er nicht will?

Nun bleibt nur zu hoffen, dass er auf Deine Verführung anspringt. Eine Garantie gibt es nicht und es kann durchaus passieren, dass er den Film ausschaltet oder Du anhand seiner Bemerkungen erkennst, dass ihn das Spiel so gar nicht begeistert. Ist genau das eingetreten, wovor Du Dich am meisten gefürchtet hast und was Du ausschließen wolltest, kannst Du, zumindest für den Moment, gar nichts tun. Steh auf und zieh Dich an, lass Deinen Partner allein. Aber verlasse den Raum nicht beleidigt oder gar weinend. Denn es kann immer noch sein, dass sich das Blatt wendet und er nur für den Moment so schockiert ist, dass er gar nicht anders konnte als ablehnen. Halte Dir vor Augen, dass Du von Deinem Partner eine Menge verlangst und ein ganz neues erotisches Leben führen möchtest.

Nach einiger Zeit solltest Du zu ihm gehen und das am besten tun, ehe ihr euch zur Nachtruhe begebt. Es hat keinen Sinn, unausgesprochene Probleme mit in den Schlaf zu nehmen und zu hoffen, sie wären am Morgen danach nicht mehr aktuell. Am kommenden Morgen wird es Dir auch schwerer fallen, über das Thema zu sprechen und zu erfahren, warum Dein Partner abgelehnt hat. Eine kurze Bedenkzeit von ein bis zwei Stunden ist ausreichend. Gehe zu ihm und suche das Gespräch. Frage ihn ruhig und interessiert, warum er abgeblockt hat und nicht auf Deine Wünsche einging. Falls er noch nicht reden möchte, akzeptiere es. Anderenfalls höre ihm aufmerksam zu und erkunde dabei, was ihn wirklich störte.

Oftmals kann es schon der Moment sein, mit Dir gemeinsam einen Porno zu sehen und Dir so den Eintritt in einen Raum seiner Phantasie zu gewähren, der sonst nur ihm allein gehört und von dem Du nichts weißt. Kann er dem BDSM absolut nichts abgewinnen und findet Deine Neigung abartig und pervers, kannst Du gar nichts tun. Schließlich hast Du ihm schon die softe Variante gezeigt und ihm keinen Film präsentiert, in dem es mit Peitschenhieben oder NS richtig zur Sache ging. Wie Du nun mit der neuen und für Dich nicht gewünschten Situation umgehst, solltest Du in Ruhe bedenken und keine voreilige Entscheidung treffen.

Natürlich denkst Du im ersten Moment über eine Trennung nach und wünscht Dir einen BDSM Partner, den Du nicht erst überzeugen musst und der bestenfalls schon Erfahrung in verschiedenen Spielarten hat. Die voreilige Entscheidung kann Dir auf die Füße fallen und einen Aspekt begünstigen, der für Dich bisher keine Rolle spielte. Du wolltest nicht Dein ganzes Leben umkrempeln, sondern nur einen neuen Bereich in der Sexualität einbauen und Deiner Neigung Raum geben. Dir stellt sich die Frage, wie, wenn nicht mit Deinem Partner, Du Deine Leidenschaft ausleben kannst und dabei niemanden verletzt oder gar Dir selbst wehtust. Lass Dir Zeit. Ich kann nur immer wieder betonen, dass Zeit der wichtigste Faktor für Dein Glück ist. Es kann durchaus auch sein, dass Du der Leidenschaft mit einem Gleichgesinnten nachgehen und Deinen Partner nicht verlassen wirst. Also entscheide Dich nicht jetzt, sondern gib Dir die Zeit die Du brauchen wirst.

2.5. Kann man die BDSM Leidenschaft und die Beziehung trennen?

Die Trennung von BDSM Sex und Beziehung ist gar nicht so selten wie Du glaubst. Nachdem Du Deinen Partner zu überzeugen versucht und auf Granit gebissen hast, wird Dir auch keine großartige andere Wahl bleiben. Außer Du entscheidest Dich für eine Trennung und suchst nach einem Partner, der Deine Neigung mit Dir teilen und ausleben wird. Da Du diese Entscheidung aber schnell bereuen könntest und Dich nicht aufgrund mangelnder Gefühle von Deinem Partner trennst, ist ein anderer Weg in vielen Fällen die Lösung.

Fremdgehen ist zwar nicht die feine englische Art, aber eine Chance, BDSM zu genießen und trotzdem die Liebe zum Partner aufrecht zu erhalten. Dabei ist es wichtig, dass Du in Deine erotischen BDSM Abenteuer keine Gefühle der Liebe investierst. So ein Leben mit einem Partner für die Liebe und einem, oder wechselnden Partnern für Sex geht nur dann gut, wenn Du die Liebe und das Körperliche wirklich und richtig voneinander trennst. Deine Diskretion ist fortan Dein bester Freund. Weder Dein Partner, noch sonst ein Mensch sollte davon erfahren. Du würdest verletzen und dem Partner wehtun. Nicht für jeden Menschen ist das doppelgleisige Leben geeignet. Doch ob Du es willst erfährst Du erst, wenn Du es probiert hast.

Partner zum BDSM ausleben kannst Du in einschlägigen Portalen im Internet finden und stößt hier auf Menschen, die ebenso wie Du nur den erotischen Kick ohne Verpflichtungen suchen und nicht an einer Beziehung interessiert sind. Meist befinden sich diese Partner in einer Ehe oder Beziehung, sodass Du keinen Einfluss auf Dein Leben fürchten oder Dich einer unerwünschten Situation gegenüber sehen wirst. Hast Du Dich zur Trennung von BDSM und Beziehung entschieden, ist Konsequenz eine Stärke über die Du verfügen musst. Auch wenn Dich beim romantischen Dinner in Deiner Beziehung der Drang zur Ehrlichkeit plagt, würdest Du doch nur verletzen und Deinen Partner dazu anhalten, Dich zu verlassen.

2.6. Ideen für das heimische Schlafzimmer

Der Moment ist gekommen und die erste Liebesnacht mit der im neuen erotischen Gewand steht vor der Tür. Wenn Du die Session richtig vorbereitest, wirst Du im heimischen Schlafzimmer so viel Spaß haben, wie es noch nie vorher der Fall war. Du benötigst nicht viel, sodass Du Dich auf die grundlegenden BDSM Accessoires beschränken und verschiedene Spielarten ins eigene Schlafzimmer einziehen lassen kannst. Generell eignen sich Fesselspiele optimal für das Schlafzimmer, wo Dein Partner Dich - beziehungsweise Du ihn, am Bett fesseln und entweder mit Händen und Füßen, oder aber nur mit den Händen fixieren und bewegungsunfähig machen kannst.

Auch eine Liebesschaukel ist ein Equipment, welches im heimischen Schlafzimmer Platz findet und mit Fesselspielen, sowie mit Erregung und Entsagung verbunden werden kann. Dildos, Plugs und Vibratoren in allen Ausführungen gehören für Deine BDSM Erlebnisse unbedingt in den Nachtschank. Dehnspiele, Dildo Ficks und Pluggen sind Spielarten, an denen beide Partner viel Freude haben. Da es gerade bei Analspielen zu lautstarken Schreien vor Lust und grenzenloser Erregung kommen kann, ist ein Knebel ideal.

So schonst Du nicht nur die Ohren der Nachbarn, sondern wirst die Spiele auch noch intensiver und wehrloser erleben. Die Augenbinde, eine Peitsche oder ein Paddel gehören ebenfalls zur Ausrüstung und sorgen für Abwechslung im Schlafzimmer. Du kannst praktisch jede Spielart erleben, die nicht zu bleibenden Beschädigungen am Mobiliar führt oder aufwändige und nicht verstaubare Apparaturen benötigt. Ein schützendes Laken mit Feuchtigkeitsresistenz kann nicht schaden und bewährt sich in dem Moment, in dem das Liebesspiel feuchter oder von goldenen Tropfen bei NS Spielen begleitet wird.

Am besten bewährt haben sich Fesselspiele jeglicher Art, bei denen der passive Partner im Bett, an der Liebesschaukel oder auch stehend in ein Bondage gekleidet wird. Anschließende Schläge auf den Po und Rücken erhöhen den Reiz und sind mit einem Knebel im Mund eine Praktik, die auch in der hellhörigen Mietwohnung durchaus gespielt werden kann. Gleiches gilt natürlich für Dehnspiele, den Faustfick und sämtliche Praktiken die hart, aber besonders intensiv sind. Da es gerade in einer Familie mit Kindern nicht selten zur Neugier der kleinen kommt, sollte das Schlafzimmer für eine Session verschlossen werden. Dies erhöht obendrein für Dich den Reiz, gefangen und Deinem Partner hilflos und willenlos ausgeliefert zu sein. Im Equipment orientierst Du Dich am Platz im Schlafzimmer.

Ist der Raum für einen Peitschenhieb zu klein und würde nicht nur Dich, sondern auch den Spiegel am Schrank hinter Dir treffen, ist das Paddel die Lösung für Dein Problem, sodass Du auf die gewünschten Schläge nicht verzichten musst. Da die Dehnung im BDSM besonders häufig zur Anwendung kommt und sowohl vaginal, als auch anal praktiziert wird, solltest Du den passenden Dildo für jede Körperöffnung haben. Es kann auch sein, dass Dein Partner Dich vollständig dehnen und Dich im Anschluss mit seiner Faust beglücken möchte. Hierfür benötigst Du extra groß Plugs und jede Menge Gleitgel. Wenn ihr über Deine Neigung sprecht und Du ihm Deine Wünsche äußerst, werdet ihr gemeinsam das richtige Spielzeug wählen und könnt es anonym und diskret in einem erotischen Onlineshop bestellen.

3. Was ist eigentlich BDSM?

BDSM ist nicht einfach nur harter Sex, auch wenn viele Laien unter dem Begriff hauptsächlich Schläge und Züchtigung vermuten. Vielmehr vereint BDSM verschiedene Praktiken in sich, einschließlich SM. Nicht etwa SM ist der Oberbegriff, sondern BDSM, aus dem Sadomaso als ein Teil hervorgeht. Die Buchstaben stehen für Bondage, Discipline & Dominance, Sumission & Sadism, sowie last but not least, Masocism. BDSM. Vier Buchstaben die für Dich die Welt bedeuten und die Dir eine Welt öffnen, die Dich voller Magie und neuer Erfahrungen erwartet, Dich auffängt und Dich mehr als nur einmal beeindrucken wird.

In einer BDSM Beziehung nimmt der Lustschmerz eine dominante Position ein. Schmerzen gehören zu allen Spielarten, wobei sie ausschließlich dem Lustgewinn dienen und bei Dir das prickelnde Knistern der Erotik erzeugen. Schmerzen sind im BDSM legitim und werden nur nach ausdrücklichem Einverständnis der Spielpartner ermöglicht, beziehungsweise empfangen. Du begibst Dich mit Deiner Entscheidung in ein Machtgefälle und lieferst Dich aus oder dominierst. Was BDSM von einer Vergewaltigung oder unerwünschten Handlung an Dir unterscheidet ist die Tatsache, dass jede Handlung im Vorfeld abgesprochen und nur auf Deinen ausdrücklichen Wunsch hin erfolgen wird.

Sowohl als passiver Partner der einen Teil seiner Autonomie aufgibt, als auch als aktiver Part der diesen Teil annimmt, ist der Lustgewinn das Ziel des Spiels. Du hast den Hang zum Risiko, der mit BDSM automatisch einhergeht. Doch wird das Risiko von Dir nicht mit einem negativen Akzent behaftet, sondern Du schätzt es und es gehört im Spiel für Dich dazu.

BDSM, die harte Gangart, birgt viele Risiken. Doch nicht jedes Risiko ist gleichzusetzen mit einer Angst, die Du haben musst und die für Deine Sicherheit und Unversehrtheit sorgt. Da die Handlungen an Dir oder von Dir an Deinem Partner im Einvernehmen erfolgen, müsst ihr beide über diese Neigung zum Risiko verfügen und könnt so im BDSM Bereich spielen.

BDSM setzt voraus, dass Du mit klarem Verstand und Bewusstsein handelst und einer Praktik nur dann zustimmst, wenn diese Deine Neigung trifft und Du das Erlebnis für Dich beanspruchst. Die vielen Facetten führen dazu, dass Du praktisch eine unendliche Auswahl an Möglichkeiten und für jeden Tag in Deinem Leben eine neue Praktik hast.

Was BDSM noch ist? Die wohl einzige sexuelle Ausrichtung, in der ein Codewort wichtig und von maximaler Bedeutung ist. Selbst bei einvernehmlichen Handlungen kannst Du Dich überfordert fühlen und Deine Grenze eher erreichen, als Du es für möglich gehalten hättest. Damit aus dem einvernehmlichen Spiel keine Beeinträchtigung durch unerwünschte Handlungen wird, bist Du mit dem Codewort jederzeit Safe und kannst die Session beenden.

BDSM ist nichts für Menschen, die sich den Lustschmerz nicht vorstellen können. Alles dreht sich allein um den Schmerz, wobei der eigentliche Sex in den Hintergrund rückt und nicht nur unwichtig, sondern sehr häufig sogar unnötig wird. Du beziehst Deine Lust und Erfüllung im BDSM nicht aus der Penetration, sondern aus dem Spiel mit Deiner Leidenschaft, dem Spiel mit Deinem Körper und mit Deinen Emotionen. Auch wenn BDSM hart ist, so ist es doch die emotionalste Spielart auf vielen verschiedenen Ebenen.

3.1. Bedeutung

BDSM kombiniert verschiedene Neigungen und Vorlieben beim Sex in einem Begriff. So steht das B für viele Menschen im Vordergrund, wobei die Vorliebe für Bondage allein noch nicht die Neigung zum BDSM und der harten Gangart aufzeigt. Wenn Du Dich mit dem Begriff BDSM und seiner Bedeutung intensiv auseinander setzen möchtest, solltest Du zu allererst wissen, was sich hinter den vier Großbuchstaben verbirgt.

➤ B - steht für Bondage
➤ D - bezeichnet die Dominance & Discipline
➤ S - benennt Sadism & Submission
➤ M - ist das Kürzel für Masochism

Doch damit nicht genug. Warum, wirst Du fragen? Auch wenn der Vergleich für manche Menschen makaber erscheinen mag, teilt sich BDSM wie die heilige Dreifaltigkeit in 3 Genres. SM ist Dir bereits bekannt und bedeutet, dass Du eine sadomasochistische Beziehung oder Bindung bevorzugst.
Weniger bekannt, aber ebenso als separate Sparte der Triskele zu betrachten sind BD für Bondage und Discipline, sowie DS für Dominance und Submission. Wenn Du also auf BDSM stehst, heißt dass nicht, dass Du automatisch alle 4 Buchstaben in vollem Umfang zum Ausleben Deiner Lust nutzt und alle Spielarten für gut befindest. Du wirst Deinen Platz in zumeist einem Genre der Triskele finden und Dich entweder für SM als härteste Disziplin, oder aber für BD, oder DS entscheiden. Generell bringt Deine Neigung mit sich, dass Du immer zwei Buchstaben in Kombination nutzt und nicht einfach nur B, D, S oder M ausleben kannst. Dieser Faktor begründet sich aus der Tatsache, dass Du für Deine Leiden-

schaft einen Gespielen benötigst und dieser sich vorzugsweise in der gegenteiligen Position von Dir befindet.

Bist Du dominant und möchtest unterwerfen, benötigst Du einen Sub der darauf steht, sich von Dir unterwerfen zu lassen. Im BD wird Dein Partner Dir das Bondage nicht nur aufgrund der erotischen Ausstrahlung anlegen. Er wird Dich disziplinieren und Dich dazu erziehen, still zu halten, Dich in Geduld zu üben und Deine Emotionen unter Kontrolle zu halten. Auch hier verbinden sich, wie Du siehst, zwei Disziplinen in Einem. Dass der Begriff Triskele im Zusammenhang mit BDSM immer häufiger auftaucht liegt daran, dass die Neigung sich in drei offensichtliche Sparten unterteilen lässt. Die Bedeutung einer Triskele begründet sich schon im indischen oder keltischen und steht immer für ein Sonnenzeichen mit drei Endpunkten. Verbindest Du die Punkte der Triskele, eröffnet sich Deinem Blick ein Symbol in Form eines Dreiecks. Dies aber nur am Rande, um Dir die Verwendung der Triskele im Bezug zum BDSM näher zu bringen.

Auf BDSM stehen setzt immer voraus, dass Du die härtere Gangart bevorzugst. Dabei macht es keinen Unterschied, ob Du als dominanter oder devoter Part auftrittst. In der Bedeutung von BDSM erkennst Du, dass nicht SM der Oberbegriff für härtere Spielarten, sondern nur eine der drei Sparten unter dem Oberbegriff BDSM ist. Dies wird häufig verwechselt, wodurch dem Bondage und der Discipline zu wenig Bedeutung beigemessen werden. Um BDSM zu leben und auszuleben, ist die Bedeutung der Begrifflichkeit die Grundlage für den richtigen Umgang mit dem Spiel und mit Deinen Emotionen, die Dich in die Triskele lenken und Entscheidungen hervorrufen.

3.2. Spielarten in Kurzübersicht

Für den Laien ist BDSM eine Kombination aus Schmerzen, aus Fesselspielen, Peitschenhieben, Dominanz und Unterwerfung. Aus Erniedrigung und Demütigung auf verbaler und körperlicher Ebene, sowie dem Besitztum der Domina und ihrem Sklaven. Doch sind dies lediglich die gängigen Begriffe und Eindrücke, die harte Spiele nach außen hinterlassen. Dass BDSM weitaus mehr ist und in seinen Spielarten enorm facettenreich und emotional ist, erkennen nur Insider und Menschen, die sich näher mit BDSM und seiner Vielfalt beschäftigen. Da Du den Weg für Dich entdeckt hast, sind die Spielarten für Dich der wichtigste Aspekt und Deine Möglichkeit, Emotionen zum Ausdruck zu bringen, sie auszuleben und den von Dir gewählten Weg zu gehen.

Die BDSM Spielarten ziehen sich alphabetisch durch ein breites Spektrum an Möglichkeiten. Zum B wie Bondage gehört alles, was mit Fesselspielen, mit der kunstvollen Abschnürung, mit Knotentechniken und mit Absprachen zu tun hat. Bondage ist, wie jede andere Spielart auch, nur nach Absprache und im gegenseitigen Einverständnis von Dir und Deinem Partner legitim. Dabei können Fesselspiele in unterschiedlicher Härte, in Kombination mit SM und mit BD gewählt werden. Ob Du Dich für Bondageseile, für Ketten oder Hand- und Fußschellen, sowie Daumen- und Zehenschellen entscheidest, obliegt allein Deinen Wünschen und Vorstellungen. Bondage gilt als Grundlage vieler weiterer Spielarten und dient dazu, Dich Deinem Partner auszuliefern und Deine Unterwerfung nicht nur mental, sondern auch optisch zum Ausdruck zu bringen.

Dominance oder Discipline sind ebenfalls Bestandteile ein jeder Spielart im BDSM. Entweder dominierst Du, oder unterwirfst Dich und wirst diszipliniert. Im Gegensatz zum SM kann die Dominanz auch verbal zum Ausdruck gebracht und Dir in Form von Cuckholding (der Keuschhaltung), von Abstinence (der Enthaltsamkeit bei Geduldsspielen) oder im Wechsel von Zuwendung und Ablehnung im Spiel vermittelt werden. Diszipliniert wirst Du, in dem Du Deinem Meister Gehorsam zeigst, Dich still verhältst, Deine Erregung unterdrücken lernst und Dich den Wünschen des dominanten Partners beugst. Disziplin ist nur für den passiven und aktiven Part ein Erlebnis mit viel Spielraum und diversen Möglichkeiten zur Durchsetzung der Wünsche und Ansprüche.

Das S für den sadistischen Part oder den Sub bringt die Ausrichtung zum Ausdruck. Der sadistische Partner kann unter dem S im BDSM alles mit Dir tun, was zuvor abgesprochen war und was die Session für Dich und Deinen Partner zum gewünschten Erfolg und der Befriedigung führt. Sadismus äußert sich nicht nur in Schlägen, sondern beinhaltet eine Vielfalt an Chancen und Möglichkeiten für euch. Als Sub begibst Du Dich in die Hände und unter die Herrschaft des Sadisten. Sadismus und Dominanz sind zwei verschiedene Facetten. Bei sadistischen Spielen sind körperliche Handlungen Grundlage, während die Dominanz auch mental ausgeübt wird. Nicht jede Dom-Sub Beziehung geht mit körperlicher Gewaltanwendung einher. Du musst also unterscheiden, ob Du Dominanz oder Sadismus wählst.

Der Buchstabe M für den Masochismus setzt voraus, dass Du als Partner im Spiel den Schmerz spüren und körperlich von Deinem Partner gezeichnet werden willst. Hier kommen Peitsche und Co. zum Einsatz, aber auch andere körperliche Ein-

flüsse werden vom masochistischen Part bevorzugt und bedürfen immer einen sadistischen Part in den Liebesspielen.

3.3. Spielarten nach Schwierigkeit

Ein sehr interessanter Faktor im BDSM sind die unterschiedlichen Schwierigkeiten der Spielarten. Erfahrene BDSMler haben ein besonders großes Spektrum an Möglichkeiten. Bei einigen Spielarten möchte ich Dir für den Anfang abraten und Dir die Risiken bei unfachmännischer Ausführung vor Augen halten. Natürlich hast Du beim BDSM immer ein gewisses Grundrisiko und solltest Deine Partner daher mit dem Fokus auf Vertrauen auswählen.

Du begibst Dich in deren Hände und lieferst Dich nicht nur ihrer Lust, sondern auch ihrer Neigung mit allen Facetten aus. Generell gilt, dass Fesselspiele im Hardcore Bereich nichts für Dich als Anfänger und schon gar nichts für das erste Treffen mit einem Fremden sind. Ebenso solltest Du nie auf die im Vorfeld erfolgende Absprache des Ablaufs, sowie die Festlegung des Safeword verzichten.

Nun möchte ich aber zu den Spielarten kommen und sie Dir nach Schwierigkeit aufzeigen.

Für Anfänger wie Dich: sind Handschellen, Spiele mit Kerzenwachs, die Peitsche und der Rohrstock, Angst- und Vergewaltigungsspiele, sowie verbale und nonverbale Dominanz ein breites Spektrum an Möglichkeiten. Auch der Einbau von Fetischen ist eine Option, die Du problemlos auch ohne große Erfahrung in Deinem Sexleben unterbringen und im BDSM Bereich erleben kannst. Beim Fetisch ist es wichtig, dass Du Dich nicht der Atemkontrolle aussetzt (hierzu mehr in der entsprechenden Schwierigkeit).

Du kannst NS Spiele, Extrem Blowjobs, sowie leichte Abschnürungen wählen. Als Anfänger kennst Du Deine Grenzen nicht und hast keine Vorstellung, mit welcher Belastung Deines Kreislaufs verschiedene BDSM Praktiken einhergehen. Aus diesem Grund solltest Du Spielarten bevorzugen, aus denen Du jederzeit entkommen und Deinem Partner die Beendigung aufzeigen kannst. Da Dir Dein Stolz das Aussprechen des Safeword nicht immer zur rechten Zeit ermöglichen wird, solltest Du nie vollständig gefesselt oder auf SM Gerätschaften geschnallt mit der Erkundung Deines Körpers und Deiner Neigung beginnen.

Mittlere Schwierigkeit: Du hast Deine Grenzen erkannt und bist nun bereit, diese zu überschreiten und neue Erfahrungen zu sammeln. Du weißt genau, wie Dein Körper in den verschiedenen Situationen reagiert und wie sich Dein Geist auf BDSM eingestellt hat. Nun bist Du auch in der Lage, gezielt eine Praktik zu wählen und Spielarten auszuschließen, die Dir keinen Lustgewinn verschafft haben. Stärkere Abschnürungen und Schläge, längere Sessions und mehr Experimente ziehen in Dein Schlafzimmer ein.

Zu den neuen Praktiken können die extreme Atemkontrolle, das vollständige Bondage in liegender oder hängender Ausführung, sowie Dehnspiele in allen Körperöffnungen kommen. Ebenso sind Fisting, Plug Play Spiele anal und vaginal, sowie NS in Fesselung nun eine Möglichkeit für Dich. Noch immer gilt, verlasse Dich bei Atemkontrolle und Dehnspielen und im Bondage nur auf einen Partner, der bestenfalls schon Erfahrung hat und Deine Erfahrung im Schwierigkeitsgrad steigern kann.

Schwierig und nur für Profis: Elektroschocks, Body Modification und die Latexmaske zur Atemkontrolle, aber auch BDSM

Orgien mit mehreren Teilnehmern sind Spielarten für erfahrene BDSMler. Ebenso solltest Du Dich für die elektrische Penetration oder für die Abschnürung von Geschlechtsteilen nur entscheiden, wenn Du bereits erfahren bist und Dich den starken Einflüssen auf Körper und Psyche gewachsen fühlst. Nun kannst Du die generelle Kontrolle über Deinen Körper abgeben.

3.4. BDSM Spielzeuge

Lovetoys spielen im BDSM eine sehr wichtige Rolle. Es gibt kaum eine Spielart, bei der nicht ein oder mehrere Spielzeuge zum Einsatz kommen. Einige grundlegende Lovetoys wirst Du bereits kennen. Doch spielen im BDSM nicht nur:

> Vibratoren
> Dildos und Plugs
> Fesseln und Ketten, Handschellen
> Peitschen, Reitgerten und Paddel
> Klammern und Klemmen
> Öle und Gleitgele

eine Rolle. Wenn Du dieses Spektrum an Lovetoys besitzt, bist Du zwar schon gut, noch lange aber nicht perfekt ausgerüstet. Die Spielzeuge unterscheiden sich nach den einzelnen Spielarten. Bei einem Besuch im Erotik Shop wirst Du erstaunt sein, wie vielseitig die Bandbreite bei SM und BDSM Spielzeugen ist und dass Du allein in der Auswahl an Dildos und Plugs, an Knebeln und Fesseln, aber auch an Nippelklemmen eine überlegte Entscheidung treffen musst. Bevorzugt werden generell schwarze Spielzeuge oder metallische Gegenstände. Weniger angesagt sind rosafarbene oder sonstig bunte Dildos und Spielzeuge, die eher in ein "Kinderzimmer" oder eine "Blümchen"-Beziehung passen.

In den Materialien kannst Du zwischen Leder, Gummi und Metall, aber auch immer häufiger Glas wählen. Der Phantasie sind gerade im Bereich Lovetoys für den BDSM Bereich keine Grenzen gesetzt. Damit Du nicht alles teuer kaufen musst, kannst Du mit vielen Dingen aus dem Haushalt ebenso viel Spaß haben und sie kurzerhand für Deine Session umfunktionieren. Gegenstände aus Bad und Küche, aber auch aus dem Gartenbedarf sind nicht selten in BDSM Schlafzimmern zu finden. Dies begründet sich in der optimalen Verwendbarkeit mit gleicher Wirkung, ohne dass Du shoppen und Dich mit Lovetoys eindecken musstest.

Weiter gibt es Spielzeuge, die gleichermaßen als Accessoire dienen und Dich als zugehörig zur Szene kennzeichnen. Die Handschellen am Hosenbund, das lederne Halsband mit O-Ring oder Latex und Lack Armbänder mit Ketten, Nieten oder ebenfalls mit O-Ring sind nicht nur modisch attraktiv, sondern im BDSM sehr praktisch. Du signalisierst durch das Tagen der Accessoires Deine Zugehörigkeit und Bereitschaft, wobei Du gleichzeitig Deine Stellung im BDSM preisgibst. Das Halsband und die Armbänder beziehe ich aus dem Grund in die Spielzeuge ein, da sie sich in der Session hervorragend zum Fesseln, aber auch zur Disziplinierung eignen.

Da Dehnen und Weiten, Lust durch Schmerzen zu schüren und Dich an Deine Grenzen führen zu allen BDSM Spielen gehört, benötigst Du ein breites Equipment an Spielzeugen für diesen Zweck. Unterschiedlich große Plugs und Dildos, Vibratoren für Dein Ausgeliefertsein, sowie die notwendige Gleitcreme gehören dazu. Möchtest Du einen Schritt weiter gehen, wird Dich Dein Weg zu Liebesschaukeln und verschiedenen Apparaturen führen. Diese Geräte sind nicht auf den ersten Blick als Lovetoys erkennbar, dienen aber allesamt nur einem Zweck - Dich zu sedieren und im Anschluss mit weiteren Spielzeugen für Deine Lust und Dein Leid zu sorgen.

Klemmen für Deine Nippel und die Klitoris stehen auf der Beliebtheitsskala an oberer Stelle. Auch der Knebel, die Augenbinde und verschiedene Peitschen werden Dich begeistern. Du kannst sicher sein, wenn Du mit Deinem Einkauf fertig und gut gerüstet bist, wirst Du anhand der Vielfalt an Lovetoys und BDSM Gerätschaften einen eigenen Schrank für Dein ganzes Equipment, und sicherheitshalber ein Schloss für Dein Schlafzimmer benötigen.

3.5. BDSM Lexikon – nach Schlagworten

In lexikaler Übersicht möchte ich Dir Schlagworte aufzeigen, auf die Du im BDSM öfter stoßen wirst. Der Überblick beinhaltet längst nicht alle, wohl aber die gebräuchlichsten und wichtigsten Begriffe im Schlagabtausch.

24/7 steht nicht etwa für eine Praktik, sondern für eine Form der BDSM Beziehung und heißt, man lebt die Rolle nicht nur sexuell, sondern 24 Stunden am Tag in 7 Tagen pro Woche. Meist geht die 24/7 Beziehung mit einem Vertrag zwischen Dom und Sub, dem sogenannten Sklavenvertrag einher

Absprache ist ein Schlagwort, das im BDSM eine übergeordnete Bedeutung hat. Alle Handlungen sind gesetzlich erlaubt und legitim, erfolgen sie nach Absprache zwischen Dir und Deinem Partner.

Absturz ist die Gefahr, die Tops und Subs gleichermaßen ereilen kann und emotionaler, psychischer Natur aus Überforderung ist.

Aktiv erleben heißt, Du bist dominant.

Bottom ist eine Bezeichnung für den aktiven, dominanten Part. Er wird auch Dom oder Top genannt.

Coming Out ist Deine Bekenntnis zu Deiner Neigung und deren Bekanntmachung, willst Du sie ausleben.

Consensual ist die Einvernehmung, unter der jedes BDSM Spiel stattfindet und abgesprochen wird.

Deviant ist nur die umschriebene Bezeichnung für pervers. Wird vorwiegend von Kritikern und Gegnern im gehobenen Ambiente des BDSM gebraucht.

Devot bezeichnet die Unterwerfung und mentale Abhängigkeit.

Dom ist das gebräuchliche Wort für den Top.

Dresscode spielt im BDSM eine wichtige Rolle und wird auf Events verlangt, aber auch in einer Session meist vorbestimmt.

DS ist die Abkürzung von Dominance & Submission, die Unterwerfung und Beherrschung.

DSM ist die psychologisch medizinische Umschreibung und wurde vor allem in der Zeit angewandt, als sadistische oder masochistische Neigungen als Krankheit definiert und als psychische Störung bezeichnet wurden.

EPE steht als Kürzel für Erotic Power Exchange. Der Dom kann in einer EPE Beziehung jederzeit eine Session beginnen und die Kontrolle über die Sexualität übernehmen.

Femdom bezeichnet die weiblich dominante Rolle.

Fetischismus, auch Fetisch genannt ist Deine persönliche Neigung und Vorliebe zu einem Stil, einer Spielart oder der Kleidung im BDSM (Lack, Leder, Latex).

Geschichte der O - prägende Literatur und Kult in der BDSM Szene. Gleichzeitig Erkennungszeichen mit dem Ring der O.

Hanky Code ist die Bezeichnung für die verschiedenen Erkennungsmerkmale der Szene. Die Bezeichnung umschreibt die zahlreichen Symbole, die nur Insidern vertraut sind und Auskunft über die Neigung des Gegenüber geben.

Masochismus ist die Lust am Schmerz.

Der Ring der O - Symbol in der Szene. Der passive Part trägt ihn rechts an der Hand, der aktive Part links.

Paraphilie ist ein anderes Wort für pervers und wird im Medizinischen für entartete Sexualität gebraucht.

Realsadismus hat nichts mit BDSM zu tun, sondern bezeichnet die wirkliche Abart einer Neigung im täglichen Leben. Der Begriff ist gebräuchlich für Vergewaltiger und Gewalttäter.

Realmasochismus ist ebenfalls eine Störung, bei der der Betroffene die Schmerzen nicht aus Lust, sondern aus einem Bedarf heraus akzeptiert.

SM bezeichnet die harte Gangart in einer sadomasochistischen Beziehung.

Sadismus ist die Lust am Quälen und am Schmerzen bereiten.

Sadomaso wird meist als abfällige Aussprache des Sadomasochismus verwendet und ist in der heutigen Presse und Gesellschaft das gebräuchlichste Wort für SM.

Safeword ist das Codewort, welches ein Spiel bei Aussprache sofort beendet.

3.6. BDSM Lexikon – nach Spielarten

In den Spielarten sind die Begrifflichkeiten sehr vielseitig. Hier möchte ich Dir sehr häufige Spielarten und ihre Bezeichnung in der Szene näher bringen und als kleines Lexikon aufzeigen.

Age Play ist eine gebräuchliche Form im BDSM und wird zumeist bei Erziehungsspielen (Gouvernante und unerzogener Schüler) gewählt.

Atemkontrolle als Spielart für Erfahrene schafft einen besonderen Reiz. Der dominante Part schränkt die Atmung des Sub ein und kontrolliert dessen Aufnahme von Sauerstoff.

Automasochismus ist das eigene Zufügen von Schmerzen. Gemeint ist hier nicht die krankhafte Borderline Störung, sondern das Zufügen von Lustschmerzen.

Bloodsports ist eine Form des Cutting und eine riskante, nicht zu unterschätzende Spielart im Bezug auf Krankheitsübertragung.

Bodymodification im BDSM steht nicht für Tattoos oder Piercings, sondern für das Cutten und Piercen während einer Session.

Bondage bezeichnet alle Arten von Fesselspielen.

Branding ist vor allem im SM sehr gebräuchlich. Hier wird die Haut des Sub mit einem heißen Eisen verbrannt. Sehr riskant und nichts für Unerfahrene. Bleibende Narben werden den Körper zeichnen.

Crossdressing wird das Tragen von Kleidung des anderen Geschlechts genannt. Es handelt sich um einen Fetisch, der nichts mit der geschlechtlichen Ausrichtung des Trägers der Kleidung zu tun hat.

Sensual Deprivision entzieht dem Bottom sämtliche Sinneswahrnehmung. Bei Spielen wird mit Ohrstöpseln und Augenbinde gearbeitet.

DS ist nicht nur eine Spielart des BDSM, sondern kann auch als Modell für Beziehungen aufgefasst werden. Das Spiel dreht sich um Dominanz und Unterwerfung.

Fisting hat in der harten Gangart eine besondere Bedeutung. Hierbei wird die Faust oder vollständige Hand des Partners vaginal oder anal eingeführt. Um diese Spielart vorzubereiten, musst Du im Vorfeld mit einem Plug gedehnt und ausreichend Gleitgel behandelt werden.

Flag bezeichnet nicht etwa das Schlaggerät, sondern die Spielart bei der der unterwürfige Partner vom Flagelant zum Lustgewinn geschlagen wird.

Gender Bender bezeichnet den geschlechtlichen Rollentausch in einer Session.

Keuschheitsgürtel können vom Dom an den Sub vergeben und ihm angelegt werden. Verbreitet ist die Praktik vor allem in 24/7 Beziehungen. Durch den Keuschheitsgürtel zeigt der Dom seine Überlegenheit und bestimmt allein über die Lust des Sub. Auch ist die Selbstbefriedigung mit einem Keuschheitsgürtel unmöglich und der Dom somit der alleinige Herrscher über Lust und Befriedigung in der Beziehung.

Mumification ist die Steigerung beim Bondage. Hier wird der ganze Körper (oftmals in Verbindung mit der Atemkontrolle) in Frischhaltefolie oder Klebeband gewickelt.

NS, auch Natursekt oder goldener Schauer genannt benennt Spielarten mit Urin.

Petgames - Hier wird der Sub wie ein Tier behandelt und nicht selten an der Leine und am Halsband ausgeführt.

Public Play sind Spiele vor Augen Anderer. Häufig wird von dieser Spielart bei SM Events und in Clubs Gebrauch gemacht. In der Öffentlichkeit kann Public Play zur Anzeige wegen Erregung öffentlichen Ärgernisses führen.

Rimming stammt eigentlich aus der Schwulenszene. Auch im BDSM gehört das Lecken oder Penetrieren anal zu einer beliebten Spielart.

Sadomasochismus bezeichnet die Spielart, in der die Erregung und Befriedigung durch Ausübung eines Machtgefälles mit klar verteilten Rollen (Dom und Sub) erzielt wird.

4. Die neue Leidenschaft – Hart, aber nicht ohne Emotionen

Kritiker denken beim BDSM nicht in erster Linie an innige Liebe, an Vertrauen und Emotionen. Doch bei Dir ist das anders. Denn Du weißt, dass es kaum eine engere Bindung zwischen zwei Menschen gibt, als im Spiel mit der Dominanz und Unterwerfung. Ganz klar beziehen sich die Emotionen nicht nur auf Deinen Schmerz zum Lustgewinn, sondern auch auf sehr intime und innige Gefühle. Vor allem wenn Du die Neigung mit einem geliebten Partner auslebst, wird euch die neue Leidenschaft viel enger zusammenschweißen und euch auf einer Ebene emotional verbinden, die für Außenstehende nicht erkennbar ist und auch nicht verständlich wäre.

Wenn Dein Partner Dich schlägt und fesselt, Deinen Atem kontrolliert oder Dich mit dem Spiel der Geduld geißelt, nimmst Du es nicht übel. Vielmehr wertschätzt Du seine Handlung und weißt, er tut das alles nur, um Dir den ultimativen Kick zu bescheren und Dich an Deine Grenzen und darüber hinaus zu führen. Sicherlich wirst Du Dich fragen, wie es emotional bei ihm aussieht und welche Gefühle er verspürt, wenn er Dich dominiert und Dich seiner Lust unterwirft. Sowohl der dominante, als auch der passive Part ziehen aus dem BDSM Spiel einen unvergleichbaren Lustgewinn. Du vertraust und das ehrt ihn. Er liebt es, in Deinem Gesicht die Lust zu sehen und das, obwohl er Dich nicht mit seiner Männlichkeit, sondern mit der Peitsche oder dem Paddel malträtiert. Wie Du im Bondage vor ihm liegst und ihn ansiehst, wird seine Emotionen in Wallung bringen und ihn eine sehr tiefe Zuneigung und den Dank für Dein Vertrauen spüren lassen.

Die Emotionen im harten Spiel sind viel tiefgründiger als bei normalem Sex, wo jeder Partner in erster Linie an seine Lust denkt und es nur darauf ankommt, zu kommen und den Höhepunkt zu erleben. Beim BDSM ist zwar ebenfalls die Erfüllung das Ziel, doch nicht der Punkt, auf den Du eilig hinarbeitest. Das Spiel ist hier viel wichtiger als die Penetration und der Höhepunkt, den Du allein beim Spiel schon erreichen wirst. Wenn Dein dominanter Partner Deine Lust zügelt und sie zu seinem Besitz machen möchte, ist das keinesfalls Überheblichkeit oder Unterdrückung Deiner Persönlichkeit. Es ist ein Teil des Spiels und zwar der Teil, der besonders emotional ist und sowohl Dir, als auch Deinem Partner die Welt bedeuten kann.

Im BDSM spielen viele Emotionen eine Rolle und Du spürst, wie die Endorphine durch Deinen Körper rasen und Du nicht weißt, ob Du lachen, weinen oder einfach nur genießen sollst. Der emotionale Wall strömt unaufhaltsam auf Dich ein und erfordert viel Konzentration von Dir. Du kannst Dich den Gefühlen hingeben und wirst durch die zeitgleich auftretenden Emotionen überfordert sein. Du kannst aber auch lernen, die Emotionen einzeln zu genießen und so den Lustgewinn für Dich zu steigern. Jeder Schlag auf Deinen Po wird Dein Herz höher schlagen lassen und Du wirst spüren, dass die Endorphine in Deinem Körper den Schmerz praktisch betäuben. Du empfindest keinen Schmerz im eigentlichen Sinne, sondern nur das intensive Gefühl der Einwirkung, welches Dich in fremde Welten entschweben und genießen lässt.

4.1. Gehört Sex unbedingt dazu?

In der BDSM Paarbeziehung ist es ganz normal, neben dem Spiel zwischen Dominanz und Erniedrigung auch Sex zu haben. Doch wenn Du Deine Neigung nicht mit dem eigenen Partner auslebst und Dir aufgrund seiner Ablehnung einen Spielpartner suchst, kann die Frage für Dich zu einem wichtigen Detail werden. Fakt ist, ob Du Sex hast oder nur spielst, hat keinen Einfluss auf Deine Empfindungen im BDSM. Du kannst durchaus eine Rolle im Spiel einnehmen, ohne dass es zur körperlichen Zuneigung in Form von Sex kommt. Viele dominante Partner legen gar nicht so großen Wert auf die Penetration ihrer untergebenen Gespielin, sondern beglücken sich allein damit, zu dominieren, Schmerzen zuzufügen und die Lust in den Augen der Partnerin zu sehen.

Bist Du unschlüssig und möchtest Deinen Partner nicht betrügen, kannst aber um Deine Neigung auszuleben nichts tun außer fremdzugehen, entscheide Dich einfach für ein Verhältnis ohne Sex. Du wirst zwar mit Sicherheit um Gnade winseln und Deinen Gespielen mehr als nur einmal um die Erlösung bitten, doch wird er sich an eure Abmachung halten. Du gehst nicht mit dem schlechten Gefühl wie nach dem Fremdgehen nach Hause, sondern verspürst eine Leichtigkeit und Beschwingtheit, die Dich ganz anders mit der ungewöhnlichen und für Dich neuen Situation umgehen lässt. Für Dich selbst musst Du herausfinden, wann Sex bei Dir beginnt und inwieweit Du Körperkontakte mit dem Dom zulassen möchtest.

Nach einer Session kann Deine Erregung so groß sein, dass Du gar nicht nach Hause gehen kannst. Für diesen Fall bestehen zwei Möglichkeiten, bei denen Du auf körperlichen Sex verzichten und trotzdem den Höhepunkt durch die Penetration mit einem Vibrator oder Dildo erleben kannst. Ist es für Dich schon Sex, wenn Dein Dom Dir den Vibrator einführt oder genießt Du es und erlebst eine Lust, die er auch mit seiner Männlichkeit nicht toppen könnte? Falls Dir das Spiel schon zu viel ist und Du es mit Deinem Gewissen gegenüber Deinem Partner nicht vereinbaren kannst, führt Dich der Weg in die Selbstbefriedigung. Dein Dom gibt Dir nach der Session die Zeit und das Gerät, mit dem Du Dich erleichtern kannst. Vielleicht magst Du es, wenn er Dir zuschaut und ebenfalls Hand an seinen Körper legt. Wenn Du eine Session ohne Sex planst, ist die generelle Definition von Dir für den Begriff Sex besonders wichtig. Zählen Dehnspiele dazu, was ist mit Fisting? All diese Fragen musst Du Dir stellen und eine Antwort finden, ehe Du Dich auf die Suche nach einem Spielpartner begibst.

Es ist nicht schwer einen Partner zu finden, auch wenn Du mit ihm keine Körperlichkeiten im eigentlichen Sinne austauschen willst. Zieht er den Reiz ebenso wie Du aus dem Spiel, wird er den Sex aussparen können und Dir eine Möglichkeit geben, euch auf sehr intimer und außerhalb von Sex befindlicher Ebene zu vereinen. Da BDSM im Kopf anfängt und sich nicht an der Penetration orientiert, könnt ihr die Verbindung im Kopf, als auch auf Deinem Körper ausleben und Du wirst Lust verspüren, die so anders und so emotional ist, wie es noch nie war.

4.2. Ausdauernd sein und Geduld haben – Tugenden im BDSM

Ausdauer und Geduld sind die Grundpfeiler der harten Spielart. Nicht nur in der passiven, sondern auch in der aktiven Position gehört die Geduld ebenso zum Spektrum wie das Gespräch im Vorfeld, oder die Absprache eines Safeword. Da alle Handlungen ausschließlich einvernehmlich gestehen, kann es durchaus sein, dass Dein Partner weiter ist als Du und sich aber in Beherrschung und Geduld üben musst, bis er Dich weiter in sein Reich entführen kann. In erster Linie richtet sich Deine Geduld aber an Dich selbst. Bei einer Überforderung und zu schnellen Überschreitung Deiner Grenzen kann es zu einem Absturz kommen. Diese emotionale Beeinträchtigung ist keine körperliche, aber durchaus eine ernste seelische Verletzung mit bleibenden Narben.

Umso wichtiger wird es, dass Du auf Deine Intuition und auf die Fähigkeit Deines Partners vertraust. Selbst wenn Dein innerer Drang der Lust Dich über Deine Grenzen hinaus führen oder Deine Grenzen höher stecken will, solltest Du nichts übereilen. Dein Partner wird erkennen, wann Du soweit bist und wann er einen Schritt weitergehen kann. Ebenso verhält es sich bei der Entscheidung für Spielarten. Natürlich, Du bist neugierig und möchtest am liebsten in schneller Abfolge all das probieren, was Du mit BDSM verbindest.

Doch Fakt ist, dass es Dich überfordern würde. Ein guter Dom führt Dich langsam ins Metier ein und findet dabei heraus, was für Dich richtig ist und wofür Du noch nicht bereit bist. Keinesfalls solltest Du seine Entscheidungen anzweifeln und Dich dazu äußern, dass Du mehr möchtest und durchaus bereit für alle Spielarten bist. Im BDSM musst Du immer die körperliche, als auch die psychische Seite sehen. Du kannst die volle Auswirkung einer Session auf Dich erst spüren, wenn Du Sie nach Beendigung in Ruhe Revue passieren lässt. Dann wirst Du einen enormen Schwall an Emotionen spüren und wirst Deinem Dom im Stillen danken, dass er so geduldig mit Dir war und Dir die schönen Seiten des Spiels gezeigt hat. Anderenfalls könntest Du nach einer Session in ein tiefes Loch fallen und Dich sogar vor Dir selbst ekeln. Gerade Newbies neigen dazu, sich und ihrer Psyche mehr als optimal zuzutrauen. Daher ist die Verlässlichkeit des dominanten Parts und seine Geduld auch so wichtig.

Auch im Spiel selbst wird Deine Geduld auf eine harte Probe gestellt. Du wirst im Bondage in den Seilen hängen und Dir wünschen, man würde Dir den Höhepunkt erlauben. Doch nicht Du, sondern allein Dein Partner ist der Herr über Deine Lust und solange er die Session nicht beendet oder Dir einen Höhepunkt zwischendurch erlaubt, wirst Du keinen Höhepunkt bekommen. Die Kombination aus Reiz und Ruhe ist ein wichtiger Faktor im BDSM. Da eine Session über einen längeren Zeitraum dauert, muss sich der Körper und auch die Seele erholen und Dein Puls zwischenzeitlich langsamer schlagen. Du brauchst Dich also nicht zu wundern, wenn Dein Partner für eine Zeit den Raum verlässt oder Dich trotz seiner Anwesenheit mit Nichtachtung straft. Das gehört zum Spiel und dazu, Deine Geduld auf die Probe zu stellen und zu prüfen, wie weit Du in Deiner Entwicklung wirklich bist.

4.3. Welche Gefahren bestehen?

Mit den Gefahren werde ich hier nicht näher auf die Infektion mit Geschlechtskrankheiten oder Aids eingehen. Diese bestehen, wie bei jeder sexuellen Spielart automatisch. Wichtiger im Bezug zu BDSM sind aber die Gefahren, die Du unterschätzt und die Dich bei zu schnellem Vorgehen und Überschreitung Deiner Grenzen, aber auch mit einem unerfahrenen Partner ereilen können. Die körperliche Verletzung und Beeinträchtigung Deiner Gesundheit ist ein Risiko, welches immer mitspielt und dem Du nie ganz entgehen kannst. Doch wenn Du Dich für BDSM entschieden hast und diese Neigung ausleben willst, bist Du Dir der Risiken bewusst und siehst darin einen besonderen Reiz.

Das Spiel mit dem Feuer, es berührt Dich tief in Deiner Seele. Und genau dort liegt auch die größte Gefahr einer Verletzung. Aller körperlichen Wunden heilen und sind beim BDSM nicht von langer Dauer und Sichtbarkeit. Selbst starke Peitschenhiebe hinterlassen, werden sie erfahren und sicher ausgeführt, nur Rötungen und ein leichtes Brennen auf Deiner Haut. Blutige Verletzungen die ungewollt passieren, deuten auf Unerfahrenheit hin und sind keinesfalls das Ziel der Lustschmerzen. Blut fließt nur dort, wo bei erfahrenen BDSM-lern mit Cutting oder Bodymodification gespielt wird und die Verletzung der Haut gewünscht ist. Doch zu Beginn Deiner Neigung solltest Du über diese Spiele gar nicht nachdenken und keine bewusste Verletzung Deines Körpers vornehmen lassen.

Die Seele hingegen ist in jedem Spiel Dein aktiver Begleiter. Sie kann sich öffnen, gefällt Dir eine Spielart und verschafft Dir die Erfüllung. Sie kann sich verkrampfen, hast Du Dich überschätzt und lässt Dinge zu, die Dir eigentlich gar keinen Lustgewinn bescheren und die Du nur zulässt, weil Du aus Stolz nicht das Safeword aussprechen möchtest. Damit tust Du Dir keinen Gefallen und setzt Dich einem Risiko aus, welches Dich durch die seelische Verletzung über lange Zeit und nicht nur beim Spielen, sondern auch im Alltag begleiten kann. Die schlimmste seelische Gefahr ist der Absturz. Dieser kann Dich in ein schweres emotionales Tief stürzen und Depressionen, sowie Abschwächung Deiner Leistung im Alltag nach sich ziehen. Du kannst einen Absturz immer vermeiden und musst Deinen Körper, sowie Deine Reaktionen kennen und beurteilen.

Doch nicht nur die Gesundheit und das seelische Wohlbefinden, sondern auch der Umgang mit BDSM im Alltag kann Gefahren für Dich begünstigen. Sprich nicht mit den falschen Leuten, vertraue Dich nicht Deinem gesamten Freundeskreis an und trenne Deine Sexualität ganz klar von Deinem alltäglichen Leben. Lässt Du Deine Rolle zu sehr in den Alltag einfließen und begibst Dich so in eine Abhängigkeit von Dir selbst und Deiner Neigung, kann dies Deinen ganzen gesellschaftlichen Status ändern und Dich zu einem Outsider werden lassen. Einsamkeit und seelischer Alleingang sind Folgen, wenn Du bei Deinem Outing einen Fehler begehst und fortan im Freundeskreis mit schiefen Blicken bedacht wirst.

Um Dich der Gefahr zu entziehen, solltest Du am besten den Kontakt zu Menschen im Internet suchen, die diese Erfahrung mit dem Coming Out hinter sich haben. Alle Gefahren von Dir abwenden und Dich nur auf die Risiken des Reizes beim Spiel besinnen, ist die beste Möglichkeit im Umgang mit BDSM.

4.4. Erleben und aus Erfahrung lernen

Niemand ist mit der Erfahrung im BDSM auf die Welt gekommen. Auch Dein erfahrener Partner war einmal ein Newbie und weiß wie es ist, zu lernen, Erfahrungen zu sammeln und aus diesen Erfahrungen zu lernen und seine Neigung klar zu definieren. Du stehst noch am Anfang und bist gerade dabei, die ersten Erfahrungen zu machen und herauszufinden, was Dir wirklich gefällt. Gerade in dieser Zeit ist es für Dich sehr wichtig, dass Du nur gute Erfahrungen machst und somit Deinen Erfahrungen wachsen kannst. Nie solltest Du verheimlichen oder überspielen, wenn Du eine Praktik noch nie erlebt hast und nicht weißt was auf Dich zukommt.

Für Deinen Partner kann es sehr interessant sein, Dich im BDSM auszubilden und mit Dir gemeinsam Deine Grenzen zu erkunden, Deine Vorlieben herauszufinden und mit Dir zu spielen. Es gibt also gar keinen Grund, warum Du Dich mit mehr Wissen brüsten müsstest als Du eigentlich hast. Dies kann Dir im BDSM schnell zum Verhängnis werden und nicht nur für Dich, sondern auch für Deinen Partner zu negativen Erfahrungen führen. Er merkt genau, ob Du erfahren bist oder ob Du eine Spielart zum ersten Mal erlebst.

Gibst Du Deine nicht vorhandene Erfahrung zu und klärst bereits vor dem Spiel in einem ehrlichen Gespräch Deine Position, wird er auf Dich eingehen und großen Wert auf Dein Wohlbefinden und Deine Erfüllung legen. Er wird noch aufmerksamer sein und sofort erkennen, wenn Du mehr erträgst als es gut für Dich ist und wenn Du Deine Duldsamkeit und Dein Durchhaltevermögen überschätzt. Aus jeder Erfahrung lernst Du und nimmst so aus jedem Spiel etwas Neues und Wichtiges für Dich mit. Wie Du damit verfährst und ob es für

Dich gut war, merkst Du in den Stunden nach der Session und wirst so auch erkennen, welche Spielarten Dich besonders herausfordern und erregen und welche Spielart Du zwar mitgemacht hast, nicht aber unbedingt ein zweites Erlebnis mit dieser Praktik wünscht. Deine BDSM Karriere ist alles andere als trockene Theorie.

Auch wenn Du Dich im Vorfeld in Pornos und in Texten über eine Spielart informiert hast, zeichnet Dich das noch nicht mit Wissen und Kenntnis aus. Wichtig ist, dass Du möglichst viele Erfahrungen machst. Nur Deine eigenen Erfahrungen dienen Dir als Grundlage, Deine Neigung genau zu erkennen und zu wissen, in welche Richtung Du tendierst und was Du Dir von Deiner neuen Leidenschaft wünschst.

Das meiste lernst Du von einem Partner mit Erfahrung. Dieser kann Dich nicht nur anlernen und ausbilden, sondern seine Erfahrungswerte mit Dir teilen und so zu besonders unvergesslichen Erlebnissen beitragen. Wenn Du und Dein Partner noch unerfahren seid, kann die Lernphase ein wenig länger dauern und Deine ganze Geduld fordern. Das ist ganz normal und muss Dich nicht verstören. Auch im BDSM wächst Du mit Deinen Erfahrungen und wirst nach einiger Aktivität in der Szene bemerken, welchen Stand Du in einer BDSM Beziehung einnehmen und welche Rolle Du beim Sex spielen willst. Lass Dich auf die Spiele ein und denke nicht während einer Session, sondern erst im Anschluss darüber nach.

4.5. Welche Spielarten reizen mich?

Eine grobe Ahnung zu den von Dir bevorzugten Spielarten wirst Du bereits haben, ehe Du Deine erste Session erlebt hast. In Deiner Phantasie wirst Du verschiedene Rollen spielen und Positionen einnehmen, die Dir beim puren Gedanken Erregung verschaffen und Dich neugierig auf ein Erlebnis dieser Art in der Realität werden lassen. Auch wenn Deine Phantasie der Auslöser ist und Dich leitet, solltest Du in der Realität aufmerksam sein und genau erkennen, ob die reale Spielart Dich ebenso fasziniert wie das Spiel, was Du bisher nur in Deinen Gedanken gespielt ist. In einigen Fällen ist die Realität durchaus ernüchternd und Du merkst schnell, dass Dein Traum eine ganz andere Emotion in Dir hervorgerufen hat als das Spiel, dass Du nun in real erlebst.

Das muss Dich nicht ängstigen, da Du jederzeit aussteigen und das Spiel beenden kannst. Hierfür hast Du Dein Safeword, welches ihr im Vorfeld besprochen und als Notbremse vereinbart habt. Du kannst also nur in der Realität herausfinden, was Dich besonders begeistert und erregt. Learning by Doing ist die Devise im BDSM. Auch wenn Deine Phantasie noch so intensive Reize erzeugt hat, ist sie eben nur Phantasie und ein Traum, der in Wahrheit anders aussehen kann. Worin Dich Deine Phantasie nie täuscht und worauf Du Dich verlassen kannst ist die Tatsache, ob Du eine dominante oder unterwürfige Ader hast.

Wenn Du in Deinen Träumen gefesselt bist und die Schläge spürst, Dich der Lust eines Partners unterwerfen möchtest, wirst Du diesen Reiz auch in real genießen und nicht auf einmal erkennen, dass Du doch lieber der dominante Part wärst. Nutze Deine Phantasie als Anreiz für den "Livetest" und suche Dir Sessions aus, in denen Du die Rolle aus Deinen Träumen spielst und die Position nach Deinen intimsten Wünschen einnimmst. In den meisten Fällen ist es so, dass Deine Phantasie der Realität sehr nahe kommt und Dir den Weg zu den Spielarten die Du brauchst, weist. Hier kannst Du auch ein wenig Theorie einfließen lassen und solltest Dich sogar im Vorfeld darüber informieren, welche Praktiken in der von Dir erträumten Spielart dazu gehören und von Deinem dominanten Partner an Dir praktiziert werden.

Als Newbie bist Du nicht über alle Fachbegriffe der Szene im Bilde und solltest bei Unklarheiten gezielt nachfragen und Dir alles erklären lassen. Bei einem erfahrenen Partner bist Du in dem Punkt sehr gut aufgehoben. Er wird Dir alles erläutern und wird auch akzeptieren, wenn Dir eine Praktik nach näherer Beschreibung nicht mehr zusagt und Du es bevorzugst, einen anderen Weg zu gehen und eine neue Spielart zu wählen.

Wenn Dir eine Spielart sprichwörtlich gegen den Strich geht, solltest Du Dich auch dem Partner zuliebe nicht darauf einlassen. Im BDSM geht es nicht um eine kleine Gefälligkeit. Es geht um Deinen Körper und Deine Seele, um Dein Wohlbefinden und Deine Wünsche. Was Dich nicht reizt, musst Du nicht tun. Auch die meisten erfahrenen BDSMler sind nicht von allen Spielarten begeistert und schließen verschiedene Aspekte aus ihrem Spiel aus. Orientiere Dich allein an Deinem Bauchgefühl und an Deinen innigen Wünschen.

5. Grenzen setzen und überschreiten

Dein Ziel ist es, Grenzen zu überschreiten und Erfahrungen zu sammeln, die für Dich nicht nur neu, sondern auch äußerst herausfordernd und emotional sind. Doch ehe Du den sexuellen Grenzübertritt wagst, solltest Du Dich damit auseinandersetzen, dass Du Dein Grenzen kennenlernen und deuten lernen musst. In Deinen Gedanken, Wünschen und Träumen hast Du schon einige Erlebnisse gehabt und die pure und ungetrübte Erregung beim Erreichen Deiner Grenzen gespürt. Doch ist dies nicht unbedingt auch der Faktor, der in der Realität eine Rolle spielt. Vor allem bei Dir unbekannten Spielarten und Praktiken ist es häufig nicht einfach, die Grenzen präzise einzuschätzen und ohne Erfahrung zu erkennen, wie weit Du gehen willst und wie sich Dein Körper und Deine Seele verhalten und auf die Situation einstellen werden.

Um Grenzen zu erkennen und diese später, wenn Du im BDSM erst einmal Erfahrung gesammelt hast zu überschreiten, solltest Du keine Eile haben und Dich in Geduld und Experimentierfreude üben. Du wirst Dich selbst ganz neu kennenlernen und wirst bemerken, dass Deine Phantasie zwar einen Anhaltspunkt zu den von Dir bevorzugten Spielarten, nicht aber zu Deinen Grenzen gibt. Bis zu welchem Zeitpunkt und welcher Intensität eine Spielart für Dich vom Lustschmerz begleitet, kannst Du nicht in der Theorie erfahren.

Auch wenn Du Dich für äußerst hart und empfangsbereit für alle dominanten Handlungen Deines Partners hältst, kannst Du schnell in die Realität zurück befördert und vor Deine Grenzen gestellt werden. Im BDSM geht es für Dich nicht darum, zu ertragen und zu dulden. Vielmehr spielst Du, um einen Lustgewinn zu erzielen und Deine Befriedigung in den schönen Momenten durch die harte und gnadenlose Zuwendung Deines Partners zu erzielen. Halte Dir das vor Augen und sei im Spiel sehr konzentriert und wachsam. Zwischen dem Lustschmerz und dem Absturz bei emotionaler oder körperlicher Überforderung liegt nur ein schmaler Grat. Als Newbie ist es nicht immer einfach, diesen Grat zu erkennen und ihn in keinem Fall zu überschreiten.

Dein Partner wird mit besonderer Aufmerksamkeit spielen und wird ebenfalls einen Blick dafür haben, ab welchem Punkt Du Deine Grenze erreicht hast und wann er das Spiel von sich aus beendet. Selbst erkennst Du Deine Grenze am besten, stellst Du Dich auf alle körperlichen und geistigen Signale ein. Du wirst den Unterschied zwischen dem Lustschmerz und dem Aushalten erkennen und kannst mit dem Safeword jederzeit ein Ende setzen. Das solltest Du auch, da Deine Grenze für Dich ein wichtiger Faktor ist und dazu beiträgt, dass Du im BDSM die gewünschten erotischen Erfahrungen, nicht aber unerwünschte schlechte Erfahrungen mit bleibenden emotionalen Verknüpfungen sammelst.

Da Du ja zu Anfang und kurz nach dem Outing und der Bekenntnis zu Deiner Neigung noch keine Grenzen kennst, solltest Du diese definieren und die Messlatte nicht zu hoch stecken. Neben Deinen eigenen Vorlieben gehört auch dazu, dass Du mit Deinem Spielpartner über die nicht vorhandene Erfahrung sprichst und ihm so eine Möglichkeit schaffst, besonders aufmerksam und konzentriert mit Dir zu spielen und Dir dabei zu helfen, die eigenen Grenzen zu erkennen und deren Übertretung vermeiden zu können.

5.1. Die eigenen Grenzen – wo liegen sie?

Ein oft übersehener Aspekt als Newbie ist die Tatsache, dass Deine Grenzen nicht allein körperlicher Natur sind. Auch wenn Dein Körper nach den Lustschmerzen schreit und Dich glauben lässt, Du könntest noch mehr vertragen und noch stärkere Zuwendung Deines Partners spüren, kann Deine Seele das anders sehen. Du solltest daher immer auf die mentalen Signale achten und Dich in keinem Fall ausschließlich auf Dein körperliches Empfinden stützen. Der größte Fehler liegt darin, die seelischen Signale auszublenden und Dich darauf zu verlassen, dass Dein Körper Dich auf eine Grenze aufmerksam machen wird. Die alleinige Orientierung an der körperlichen Belastbarkeit kann soweit führen, dass Du emotional verletzt wirst und seelische Probleme bekommst.

Gerade bei hoher Unempfindlichkeit gegen körperlichen Schmerz ist es gar nicht so einfach, die seelischen Signale nicht zu überhören und die Grenze richtig und rechtzeitig zu definieren. Bekannt ist, dass Menschen die körperlich viel verkraften und gerade an der Hautoberfläche eher unempfindlich sind, häufig zu einem Grenzübertritt neigen und nicht so schnell bemerken, dass ihre Seele bereits aufschreit und sich einer folgenschweren Verletzung ergibt. Hältst Du Dir vor Augen, dass BDSM im Kopf beginnt und keine rein körperliche Erfahrung ist, wirst Du die inneren Signale und Emotionen deuten und kannst rechtzeitig agieren und reagieren.

Dabei blendest Du den körperlichen Lustschmerz aus und konzentrierst Dich allein auf die Emotion, die bei einer Session von steigender Intensität ist und die Dich auf Deinem Weg zur Grenzerkennung leitet. Schon im Vorfeld einer Session und direkt nach Deiner Erkennung der Neigung wirst Du wissen, welche Grenzen sich in Punkto Spielarten auftun. Beispielsweise ist es keine Seltenheit, dass Du bestimmte Spielarten von Vornherein ausschließt und erkennst, dass NS oder die Keuschhaltung nicht zu Deinen Wünschen gehören. Mit dieser Erkenntnis bist Du einen Schritt weiter und auf dem Weg, Deine eigenen Grenzen zu finden und Dich dementsprechend orientieren zu können. Nach dem Ausschluss steht Dir jede Option in den Spielarten offen, die sich im Bereich Deiner Wünsche und Phantasien ansiedelt und die es zu erkunden gilt.

Denn Deine wirklichen Grenzen wirst Du erst im Spiel herausfinden und kannst auch hier noch auf Spielarten oder Praktiken stoßen, die Dir den gewünschten Lustgewinn nicht in dem Umfang verschaffen, wie Du es eigentlich geglaubt und gehofft hast. Sensibilisiere Dich für alle Sinnesreize und höre dabei auf die Emotionen, die sich während des Spiels einstellen und die Dir den besten Anhaltspunkt für Deine Grenzen liefern. Auch wenn sich in Deinen Gedanken bereits Formationen und Wünsche ergeben haben, heißt das nicht, dass diese wegweisend für die Realität in Sessions sind.

Allein Deine Sensibilität ist der Wegweiser, an dem Du Dich orientieren und auf die Du Dich verlassen solltest. Du wirst ganz unterschiedliche Erfahrungen sammeln und wirst an Deinen Erfahrungen wachsen, neue Grenzen finden und Dir mehr wünschen. Ein erfahrener Spielpartner führt Dich behutsam an Deine Grenzen, sowie in Folge weiterer Sessions darüber hinaus und hat ein Auge auf Deine Emotionen und Deine Wünsche. Fordere Deine Belastbarkeit nicht heraus und vergiss nie, dass Körper und Seele gleichermaßen im BDSM Spiel involviert sind.

5.2. Grenzüberschreitende Erfahrungen

Auch wenn grenzüberschreitende Erfahrungen von Anfang an das Ziel bei allen Spielarten sind, solltest Du doch zuerst langsam beginnen und Deine Grenzen ausloten. Eine Erfahrung mit grenzüberschreitendem Spektrum gehört zu den Dingen, die Erfahrung bedürfen und für die Du schon länger im BDSM bewandert sein musst. Zu Anfang könnte eine solche Erfahrung jegliches Vertrauen in Deinen Spielpartner stören und sogar dazu führen, dass Du an Dir und Deiner Neigung zweifelst. Ein emotionaler Absturz ist das Schlimmste, was Dir im Zusammenhang mit der Grenzüberschreitung passieren kann. Fühlst Du Dich bereit, solltest Du mit Deinem Spielpartner darüber sprechen und auch auf sein Urteilsvermögen vertrauen.

Es macht wenig Sinn, wenn Du Dich überschätzt und Dir mehr zumutest als Du verkraftest. Die grenzüberschreitende Erfahrung kann eine sehr schöne und von erotischem Prickeln erfüllte Sache sein. Doch wirst Du sie nur so erleben, wenn Du wirklich bereit - und damit meine ich richtig bereit - bist. Besonders wichtig für eine solche Erfahrung ist es, dass Du Deine Grenzen kennst. Ein erfahrener Partner dem Du vertrauen kannst, wird Dich auch beim Wunsch nach einer Überschreitung der Grenzen nur soweit bringen, wie es laut seiner Beurteilung richtig ist und legitim erscheint. Sobald er eine Überforderung Deines Körpers oder Deiner Seele bemerkt, wird er das Spiel abbrechen.

Du selbst solltest sehr locker und entspannt in die Session gehen und nicht primär an diese neue Erfahrung denken. Wenn Du Dich zu sehr auf die Grenzüberschreitung konzentrierst, könnte Deine Unaufmerksamkeit dazu beitragen, dass Du nicht einmal bis zur ausgeloteten Grenze durchhältst und Deine Seele viel eher nach einer Beendigung der Session schreit. All dies sind Dinge, die Du beim Wunsch nach mehr und intensiverem Spiel beherzigen musst und die auch Dein Partner nicht unterschätzen darf. Daher ist ein erfahrener Partner immer von Vorteil und kann mit seiner Kenntnis Deine mindere Erfahrung ausgleichen.

5.3. Erfahrungsberichte aus dem BDSM

"Meine Haut prickelte und ich konnte den Beginn der Session kaum mehr abwarten. Seitdem ich das erste Mal im BDSM beschlossen hatte, war ich aufgeregt und hätte es am liebsten sofort erlebt. Eigentlich war ich enttäuscht, dass mein Partner mir noch ein paar Tage Zeit gab. Und noch mehr enttäuscht war ich von der Tatsache, dass er mich in diesen Tagen mit Nichtachtung strafte und keinerlei erotisches Spiel mit mir trieb. Auf meine Frage lächelte er und meinte, das muss so sein und würde mich auf die Session vorbereiten. Nun war der Tag endlich gekommen und ich schnürte meine lederne Korsage, begab mich zu ihm und stand mit zittrigen Händen und Schweiß auf der Stirn vor meiner Tür.

Als er mir öffnete war ich fast enttäuscht, da er aussah wie immer und mich keine SM Höhle erwartete. Doch schon als er mich herein bat, war er anders. Er war kühl, distanziert und dominant. Er bot mir keinen Platz an, sondern gebot mir, mich zu entkleiden und in den Nebenraum zu gehen. Ich tat es. Er folgte mir, ließ die Tür ins Schloss fallen und packte mich grob an den Haaren. Gleichzeitig spürte ich, wie er mir ein Band um die Hände und Unterarme legte. Dieses befestigte er über meinem Kopf an einem Haken in der Decke.

Im Anschluss schob er meine Beine auseinander und befestigte ein Seil rechts und ein Seil links an meinem Fuß. Auch diese band er an Haken, die sich im Fußboden befanden, fest. Dabei sprach er kein Wort und ich zweifelte kurzerhand an meiner Entscheidung. Er wirkte so verändert, gar nicht mehr wie der geliebte Partner den ich schon seit vielen Jahren kannte.

Ohne Vorwarnung traf ein Schlag auf meinen unteren Rücken und ließ mich erbeben. Kurz wollte ich aufschreien, blieb aber still. Ich wusste aus dem Vorgespräch, das ich nicht in der Position war mich zu äußern. Eigentlich erwartete ich nun einen stärkeren Schlag. Doch er steigerte die Intensität nicht. Vielmehr kam er zu mir, schob mir den Peitschenstiel zwischen meine Schenkel und ließ mich seinen heißen Atem an meinem Ohr spüren. Ich stöhnte leise auf. In dem Moment entzog er mir den Peitschengriff wieder und ließ mich allein. Ich wusste, was falsch war und warum er nun ging. Doch da es meine erste Session war, ließ er mich nicht lange allein und als ich nun still war, bekam ich ihn zu spüren und wurde entschädigt."

Mandy, 28 Jahre

"Eigentlich sollte es ein erotisches Fotoshooting werden. Doch als ich in den Seilen lag und der Bondage Künstler sein Werk vollendet hatte, war ich bereits so erregt, dass ich mich auf nichts mehr konzentrieren konnte. Ich habe eine BDSM Neigung und wusste davon schon lange. Doch habe ich sie anfangs nur in meiner Phantasie erlebt und nie in die Realität genommen. Ich versuchte meine Geilheit zu verbergen. Auf ruhiges Atmen konnte ich mich ja noch konzentrieren, aber die glitzernden Weben der Feuchtigkeit im Schritt konnte ich nicht verbergen. Es war mir peinlich. Schließlich hatte er mich als professionelles Model und nicht als Gespielin gebucht. Sein Blick sprach Bände und ich lief rot an.

Meine Gier war ihm nicht entgangen und als er näher kam, war auch mein ruhiger Atem vergessen. Ich wollte nur noch eins. Er sollte mich schlagen, die Seile fester ziehen und meine intimsten Wünsche erfüllen. Wir sahen uns kurz an. Sprachen kein Wort und er verließ den Raum. Als er zu mir zurückkam, hatte er eine Reitgerte in der Hand und ließ sie in seine geöffnete Handfläche sausen. Ich nickte leicht. Doch anstatt mich zu peitschen, schob er mir die Reitgerte in meine feuchte Spalte. Ich stöhnte laut auf, versuchte, ihm meinen Körper entgegen zu schieben. Er ging geschickt mit der Gerte um und stimulierte meine empfindliche Knospe. Als er spürte ich würde gleich kommen, zog er die Gerte aus mir und leckte sie genüsslich ab. Das ließ mich noch schärfer werden und mich den Bedarf spüren, dass er nun endlich härter mit mir umgehen und mich nicht nur streicheln soll. Auch ihm war die Gier anzusehen, doch war er zu professionell, um sich der Leidenschaft hinzugeben.

Er drehte mich in den Seilen, sodass mein bloßer Po in seine Richtung zeigte und er in den Genuss kam, die Gerte auf meine strammen Backen gleiten zu lassen. Er war sanft, steigerte seine Intensität nur langsam. Eigentlich wünschte ich mir, er würde mich zeitgleich nehmen. Doch er machte keine Anstalten und schlug nur abwechselnd auf meine rechte und linke Pobacke. Es dauerte nicht lange und ich kam, schrie meinen Höhepunkt heraus. Er hörte auf und öffnete die Knoten. Erschöpft fiel ich auf das Sofa unter mir. Er reichte mir einen Vibrator. Ich sah ihn an und schüttelte den Kopf. Ich war befriedigt, war ruhig und ausgeglichen. Ich brauchte keinen Sex mehr."
Tanja W., 31 Jahre

6. Das Spiel mit Sicherheit

BDSM Spielarten sind nicht mit der normalen Hingabe beim Sex zu vergleichen. Während Du Dich beim Sex nur vor einer ungewollten Schwangerschaft und vor Krankheiten schützen musst, birgt BDSM verschiedene Risiken und bedarf hoher Sicherheit. Du kannst sowohl körperlich, aber auch seelisch verletzt werden. Körperliche Wunden verheilen, sollte Dein Partner aufgrund mangelnder Erfahrung zu weit gehen und seine eigene Handlung nicht richtig einschätzen können. Doch seelische Wunden sind dauerhaft präsent und unheilbar. Ehe Du eine Session, vor allem mit einem neuen und Dir fremden Spielpartner planst, solltest Du mit ihm sprechen und nicht nur ein Safeword, sondern auch die ganze Session planen.

Risiken bestehen nicht nur bei schwierigen und daher für Fortgeschrittene geeigneten Spielarten. Auch beim Bondage, bei Peitschenhieben oder bei Abschnürungen kannst Du Dich großer Gefahr aussetzen und sowohl seelische, als auch körperliche Verletzungen erleiden. Um dies von vornherein zu vermeiden, musst Du dazu stehen, dass Du im BDSM keine oder kaum Erfahrung hast. Du musst über die Erfahrungen sprechen, die Du bisher gemacht hast und dabei auch auf die Intensität der Handlungen Deiner bisherigen Partner eingehen. Du kennst Deine Grenzen? Dann zeige sie klar auf und setze somit eine Linie, die Dein Partner nicht überschreiten wird.

Die häufigsten Unfälle beim BDSM passieren nicht etwa durch zu harte Schläge oder ein zu festes Bondage, sondern durch nicht eingeplante Grenzüberschreitung. Spielt ihr mit Knebel und Dir ist so das Aussprechen des Safeword ver-

wehrt, müsst ihr ein Zeichen vereinbaren und eine Mimik o-
der Gestik wählen, zu der Du auch im gefesselten Zustand
und mit Knebel im Mund in der Lage bist. Anderenfalls würde Dein Partner, sollte er Deine Überforderung und den
Wunsch zur Beendigung des Spiels nicht erkennen, Schmerzen die nicht der Lust dienen, zufügen. Bei gefährlicheren
Spielarten sollte Dir immer eine Möglichkeit geboten werden,
Dich auch selbst aus einer Lage zu befreien und somit zu reagieren, sollte Dein Kreislauf das Spiel nicht mitmachen. Auch
wenn Du neugierig auf Erfahrungen bist und Dir eine Spielart
zutraust, kommt die Reaktion Deines Körpers auf die Tagesform an. Es gibt Tage, an denen empfindest Du bei einer
Spielart große Freude und Erfüllung. Die gleiche Spielart
kann Dir aber am folgenden Tag unangenehm sein und Dir
Schmerzen bereiten, bei denen die Lust ganz hinten auf Deiner Agenda steht.

Vor einer Session solltest Du immer etwas gegessen und genug Flüssigkeit aufgenommen haben. Ein stark belasteter
Kreislauf würde Kapriolen schlagen und dazu führen, dass
Du die Session eher beenden und Dich der Erholung hingeben musst. Sicherheit steht an oberer Stelle und kommt weit
vor Deinem Drang, durchzuhalten und möglichst viel zu erleben. Deine Gesundheit darfst Du für eine Neigung nicht
aufs Spiel setzen und würdest Dir keinen Gefallen erweisen,
mutest Du Dir zu viel zu. Als Newbie musst Du besonders
hellhörig sein und jedes Signal Deines Körpers lieber zu stark,
als zu wenig beachten. Dein Spielpartner wird auf Dich eingehen und so vermeiden, dass Du seelische Verletzungen davon trägst. Bei körperlichen Verletzungen unterscheidet man
zwischen den Blessuren aus dem Spiel und einer wirklichen
Beeinträchtigung von Deiner Gesundheit.

6.1. Vorbereitung einer Session

Nicht nur Du als Anfänger, sondern auch fortgeschrittene BDSM Liebhaber bereiten eine Session mit Bedacht und Freude vor. Hierzu gehören verschiedene Aufgaben, die vor dem Spiel erledigt werden und die Sicherheit, sowie Deine Kenntnis zur Spielart erhöhen werden. In der Vorbereitung nimmt das Gespräch über Deine Wünsche und Deine Grenzen, sowie Deine Kenntnis im BDSM einen wichtigen Raum ein. Doch ist das Gespräch nicht der einzige Faktor, wenn es um das Vorbereiten Deines Spiels geht. Ich möchte hier noch einmal darauf verweisen, dass alle vorgenommenen Handlungen einvernehmlich sind und nur anhand Deines Willens durchgeführt werden dürfen. Umso wichtiger wird es, dass Du zu allen Risiken aufgeklärt und mit den Spielzeugen für die Session vertraut gemacht wirst.

In der Vorbereitung spielen folgende Fragen eine übergeordnete Rolle:

> ➢ Welche Spielart soll es sein?
> ➢ Wo wird die Session stattfinden?
> ➢ Welcher Zeitraum ist eingeplant?
> ➢ Wo sind Deine Grenzen?
> ➢ Welche Spielzeuge kommen zum Einsatz?
> ➢ Wie wird sich der Ablauf gestalten?
> ➢ Welches Safeword oder welche Gestik sorgen für die Beendigung?
> ➢ Was schließt Du aus?

Nachdem alle Fakten im Gespräch geklärt sind, suchst Du gemeinsam mit Deinem Partner die Lovetoys aus oder prüfst die Spielzeuge, die er anhand Deiner Vorstellungen bereits bereitgelegt hat. Das ist äußerst wichtig, da Du nicht nur mit den Begriffen, sondern auch mit den Materialien vertraut sein und einen Bezug zu den Spielzeugen aufgebaut haben musst. Eine nicht gut vorbereitete Session beinhaltet Überraschungen, die Du im Moment der Auslieferung nicht kennen kannst.

Kennst Du aber den Ablauf und hast eine Emotion zu den genutzten Lovetoys aufgebaut, wirst Du Dich auf die jeweilige Praktik einstellen und sowohl körperlich, als auch seelisch auf die Session vorbereitet sein. Als Newbie ist es ratsam, eine Session lange im Voraus zu planen und nicht direkt vor dem Spiel mit einer Absprache zu beginnen. Denn Du benötigst die Zeit der mentalen Vorbereitung und den Spielraum, Dich geistig in die Spielart einzufinden und sie vor dem eigentlichen Spiel in Deiner Phantasie zu erleben.

Auch wenn Ihr einen Tag für die Session plant und euch zu einem gewissen Zeitpunkt verabredet, kannst Du immer noch einen Rückzieher machen. Du solltest an diesem Tag genau auf Deine inneren Signale hören und Dich nur auf ein BDSM Spiel einlassen, bist Du gesundheitlich dazu in der Lage und hast keine Probleme mit Deinem Kreislauf. Solltest Du absagen und Deine Gesundheit als Grund angeben müssen, hat Dein Partner Verständnis dafür.

Der Lustschmerz fordert Deinem Kreislauf Höchstleistungen ab, zu deren Erbringung Du nur bei voller Gesundheit in der Lage bist. Am Tag der Session siehst Du Dir die Lovetoys noch einmal an und befühlst sie. Sollte Dir irgendetwas ein ungutes Gefühl verschaffen und Dich unsicher werden lassen, kannst Du den eigentlichen Plan zurückrufen und ein Spielzeug ohne Probleme ausschließen. Da Du bereits einige Tage über die Session philosophiert und Sie im Geiste erlebt hast, wird Dich Dein Gefühl nicht täuschen und Dir als wichtiges Signal dienen. Lass Dich immer nur auf eine Spielart ein, die Dir ein uneingeschränkt gutes Gefühl verschafft und gehe keinesfalls partnerschaftliche Kompromisse ein.

6.2. Gespräche als wichtiges Element im Vorfeld

Du willst Spielen, ganz klar. Beim Reden darüber steigert sich Deine Lust ins Unermessliche und Du verspürst keinen Bedarf, länger an theoretischen Floskeln zu verweilen und die Praxis nur in Deiner Phantasie zu erleben. Das ist verständlich und gar nicht so ungewöhnlich. Doch ist das Vorgespräch die Grundlage aller Spielarten und darf keinesfalls in den Hintergrund und in eine unwichtige Position gedrängt werden. Das Gespräch ist weitaus mehr, als nur die Absprache mit dem Partner zu Praktiken und dem Einsatz der Spielzeuge. In einem Vorgespräch wird Vertrauen aufgebaut und eine Basis geschaffen, die für das eigentliche Spiel im BDSM wichtig und notwendig ist.

Ebenfalls wirst Du im Gespräch mit dem Partner bereits im Vorfeld merken, ob Dich der Partner und die gewählte Spielart wirklich begeistern und ob Du in der Lage bist, Deinem Spielpartner uneingeschränkt zu vertrauen und ein gutes Gefühl zu verspüren. Es ist nicht ungewöhnlich, dass sich das Vertrauen langsam aufbaut, oder aber, im Vorgespräch vollkommen schwindet. Bist Du Dir bezüglich des Partners unsicher und merkst ein mangelndes Vertrauen oder den ausbleibenden Wunsch der Hingabe, solltest Du aussteigen und Dich nicht auf ein Spiel mit diesem Partner einlassen. Du begibst Dich bei jeder Spielart in die körperliche und seelische Abhängigkeit des Partners und lieferst Dich seinen Händen und seinen Wünschen aus. BDSM erfordert das größte und uneingeschränkte Vertrauen, was bei körperlichen Vereinigungen überhaupt erbracht und gefordert werden kann.

Auch vertraute und aufeinander eingespielte Paare nutzen das Vorgespräch und klären alle Fakten zur Session im Vorfeld ab. Auch wenn Dir ein Gespräch über BDSM und über die Handlungen an Deinem Körper unangenehm ist, solltest Du nicht durch Stille auffallen und nur zuhören. Die Offenheit im Vorgespräch wirst Du in Deiner Erfahrung lernen und merken, wie wichtig klare Absprachen und Ansagen sind. Doch vor der ersten Session fehlt diese Erfahrung und es kann passieren, dass Dich das Vorgespräch in eine für Dich unangenehme Position bringt und Du direkt auf die Praktik ausweichen willst.

Das ist ein Schutzmechanismus Deiner Seele und ein gesellschaftliches Kalkül, was ganz normal ist. Doch dem darfst Du in keinem Fall nachgeben. Du musst Dich der Absprache öffnen und musst so einen für Dich sicheren und gewünschten Weg wählen. Ohne das Gespräch weiß Dein Partner nicht, was Du Dir wünschst und wo Deine Prämisse in einer Spielart liegt, wo Deine Grenzen sind und was Du absolut nicht möchtest. Bedenke, Du redest nicht einfach über Sex. Du sprichst über schlagkräftige Argumente und Handlungen, die für Deinen Körper und Deine Seele ein Risiko sein können.

Kein erfahrener Spielpartner wird mit Dir ohne das vorangehende Gespräch zu einer Session schreiten. Er wird Dir erklären, wie wichtig Absprachen sind und welche Bedeutung sie im BDSM haben. Deine Einwilligung zu allen Handlungen und Praktiken ist die Grundlage dafür, dass sie einvernehmlich geschehen und an Dir nur dann vorgenommen werden, wenn Du sie gezielt gewünscht hast. Auch das Safeword legt ihr im Vorgespräch fest und sichert so Deine Chance, jederzeit auszusteigen und die Session auf Wunsch früher als geplant zu beenden und abzuschließen.

6.3. Gesundheitliche Risiken

Auch wenn Du das Thema am liebsten von Dir weißt und nur über die Lust, nicht aber über eventuelle Gefahren nachdenken möchtest, solltest Du das Kapital aufmerksam lesen. Da es sich bei BDSM Spielarten um Handlungen an Deinem Körper handelt, spielen gesundheitliche Risiken immer mit. Diese kannst Du aber vermeiden, in dem Du der Sicherheit eine gehobene Position im Spiel gibst, die Vorbereitung gezielt triffst und Dich zu konkreten Absprachen mit Deinem Spielpartner entscheidest. Im BDSM unterscheidet man zwischen psychischen und physischen Verletzungen. Auf beide Gefahren haben sowohl Du, als auch Dein Partner einen großen Einfluss.

Abgesehen von Erkrankungen in Übertragung, gewinnen im BDSM vor allem folgende Gefahren an Bedeutung:

➢ körperliche Beeinträchtigung durch zu starke Schläge
➢ zu enge Fesseln und Einschnitte in der Haut
➢ angewandte Praktiken ohne notwendige Kenntnis und Erfahrung
➢ Kontrollverlust der automatischen Körperfunktionen (Atemkontrolle)
➢ Bewusstlosigkeit und Ohnmacht durch enorme Schmerzeinwirkung
➢ Überschätzung der eigenen Belastbarkeit
➢ seelische Wunden durch falsch gewählte Praktiken
➢ psychische Beeinträchtigung durch mangelhafte Selbsteinschätzung.

Wenn Du eine Spielart mit hohem Risiko wählst, solltest sowohl Du, als auch Dein Partner über die notwendige Erfahrung verfügen. Allein ein zu starker Schlag mit der Reitgerte oder Peitsche kann neben den gewünschten Striemen und Zeichnungen auch zum Aufplatzen der Haut und zu in Folge eintretenden Entzündungen führen. Spielt ihr mit Klebeband oder Folie und Du gibst die Atemkontrolle in die Hände Deines Partners, kann ein zu hoher Mangel an Sauerstoff zur Ohnmacht und zum Absterben von Hirnzellen führen. Generell ist Dein Körper in hoher Alarmbereitschaft und wird Dir einige Signale senden.

Nimm sie ernst und reagiere, ohne auf eine Besserung oder das Verschwinden der Signale zu warten. Wird Dir schwindlig, Du fühlst Dich schlapp oder merkst das Du abdriftest, solltest Du die Session umgehend beenden und der Bewusstlosigkeit vorbeugen. Vor allem im unerfahrenen Spiel ist es keine Seltenheit, dass die leichten Signale übersehen und hinter dem angenehmen Gefühl des Lustschmerzes angesiedelt werden. Die größte Gefahr besteht darin, dass Deine Emotionen im Bruchteil einer Sekunde kippen und Du einen emotionalen Absturz erlebst.

Auch in der Verwendung von selbst gebauten Spielzeugen ist es durchaus zu empfehlen, erst einen unverbindlichen Testlauf zu probieren und herauszufinden, ob sich die Eigenbauten für die professionelle Verwendung in einer Session eignen. Mit hohem Augenmerk musst Du auf Hygiene achten und immer davon ausgehen, dass auch unsichtbare kleine Risse in der oberflächlichen Haut nicht ausgeschlossen werden können. Hier ist die Infektion mit Bakterien und Keimen die größte Gefahr, ohne dass Du diese gezielt und während der Session mitbekommst. Solltest Du am folgenden Tag eine Entzündung bemerken, kannst Du von einer leichten Verletzung ausgehen und bemerkst, dass die Hygiene nicht optimal war. Jede BDSM Spielart, auch ein einfaches Bondage, birgt Risiken für Deine Gesundheit. Du musst Dir den Spaß nicht verderben lassen und grundsätzlich die Gefahr sehen. Vielmehr geht es darum, dieser bereits in der Vorbereitung vorzubeugen und die Risiken im Gespräch, sowie der Prüfung der Spielzeuge vor ihrer Verwendung zu mindern. Hörst Du auf Deinen Körper und deutest jedes Signal zeitnah und richtig, sind Gefahren für Dich kein Thema.

6.4. Nie ohne Safeword

Du bist seit vielen Jahren mit Deinem Partner zusammen und vertraust ihm blind? Gut so, denn das ist die beste Voraussetzung für eine Session an der ihr beide Spaß habt. Aber bei allem Vertrauen in Deinen Partner, lass nie das Safeword außer Acht! Gehe immer davon aus, dass BDSM eine ganz neue Erfahrung für Dich ist und dass Du immer in eine Situation geraten kannst, aus der Dir nur das Safeword hilft und Deinen Partner dazu veranlasst, sofort und ohne Kommentar mit dem Spiel aufzuhören. Jedes BDSM Paar benutzt den Code, welcher ein Spiel sofort in Echtzeit beendet und die Sicherheit bei allen Spielarten erhöht.

Durch das Safeword hältst Du unbewusst die Zügel in der Hand und kannst in dem Moment einschreiten, in dem aus der Lust am Schmerz eine Beeinträchtigung Deiner physischen oder psychischen Gesundheit werden kann. Nicht immer wird Dein Partner umgehend bemerken, wenn es Dir schlecht oder schwindlig wird und Dein Körper sich gegen das weitere Spiel wehrt. Auch in Punkto Grenzen ist das Safeword von großer Notwendigkeit.

Du hast Deine Grenzen gesteckt und weißt, dass Du diese erreichen kannst. Doch weißt Du nie im Vorfeld, ob Dein Körper das genauso sieht. BDSM ist ein Spiel mit dem Feuer und maßgeblich von Deiner Tagesform abhängig. Wenn Du bei der letzten Session eine Grenze erreicht und die Lust in vollem Maße und intensiv verspürt hast, muss das nicht bei jeder Session mit gleicher Beanspruchung Deines Körpers der Fall sein. Schon kleine Erkältungen, eine besonders empfindliche Haut am Tag der Session, Gedanken die Dich ablenken oder einfach nur Hunger und Durst können Deine Belastbarkeit einschränken. Merkst Du während des Spiels ein Problem und erhältst ein Signal Deines Körpers, ist das Safeword für Dich der Schlüssel aus diesem Tor und Dein Weg in die Freiheit. In der Entscheidung für ein Wort sind Deiner Phantasie keine Grenzen gesetzt. Doch solltest Du ein Wort wählen, welches Du schnell und verständlich auch in schwierigen Situationen aussprechen kannst.

Ebenso wichtig ist das optische Safeword, welches vor allem bei Spielarten mit Knebel oder der Atemkontrolle mit Klebeband oder Folie zum Einsatz kommt. Kannst Du die Beendigung des Spiels nicht aussprechen und musst Deinem Partner ein Zeichen geben, sind optische Codes ein großer Vorteil und Deine Chance zu reagieren. Dass Du Deinem Partner vertraust ist die Voraussetzung, um eine BDSM Session überhaupt zu planen. Du solltest trotz allem Vertrauen aber die Sicherheit erhöhen und Dich vor allem auf Deine eigenen Instinkte und Emotionen, nicht nur auf die Aufmerksamkeit des Partners verlassen.

Im Eifer des Gefechts kann auch ein erfahrener Partner an Aufmerksamkeit verlieren oder von etwas abgelenkt sein, die Konzentration mindern. Auch wenn Du Deine Emotionen und Deinen Körper in die Hände des Partners legst, ihm vertraust und die Session genießen willst, hast Du die Minderung der Risiken in Deiner eigenen Hand. Durch die Festlegung des Safeword bringst Du Dich in die Position, in der Du über Deine Gesundheit bestimmst und die Regie im Spiel und somit auch die Regie über Deine Gesundheit und Emotionen übernimmst.

6.5. Risiken ausschließen und Lust pur erleben

Nun wo Dir die Risiken bekannt sind und ich sie Dir vor Augen geführt habe, solltest Du die Notwendigkeit der Vermeidung erkennen. BDSM möchtest Du nicht erleben, weil Du verletzt werden möchtest. Dir geht es um die Lust und um den Schmerz, der allein dem Lustgewinn dient und der Dir besondere Emotionen verschafft. Im Vorgespräch hast Du Dich mit Deinem Partner zu den gewünschten Spielarten unterhalten und ihr habt ein Konzept erstellt, nach dem das Spiel im BDSM ablaufen wird. Auch wenn das in niedergeschriebener Form eher trocken klingt und so gar nicht nach Deinem Geschmack ist, wird es für Deinen Lustgewinn sorgen und vermeiden, dass Deine Risiken höher als notwendig sind und Deine Lust dem Schmerz in seiner unerwünschten Form weicht.

Neben der Absprache und den von Dir gewünschten Handlungen kommt es nun noch darauf an, dass Dein Partner Dich ehrt und achtet und Dir keinen Schmerz zufügt, der das Gegenteil Deiner Wünsche und Ansprüche begünstigt. Hier kann ich nur noch einmal darauf verweisen, dass bei allen BDSM Spielarten ein erfahrener dominanter Partner von Vorteil ist. Die meisten Gefahren bestehen bei Sessions, in denen weder Du als Sub noch der Dom über Erfahrung verfügt und zu Fehleinschätzungen neigt. Schon ein einzelner zu starker Schlag oder eine zu feste Folie um Dein Gesicht können die Lust aus Deinem Körper weichen und eine große Gefahr für Dein körperliches und seelisches Heil bedeuten. Auch möchte ich noch einmal anführen, dass das Seelenheil viel schneller verletzt werden kann und sich hier immer bleibende Narben aufzeigen.

Das Safeword nimmt in diesem Kapitel eine ebenso wichtige Bedeutung ein. Du kennst Deinen Körper und Deine Emotionen besser als jeder Spielpartner, egal über wie viel Erfahrung er verfügt und auch unabhängig davon, wie bereits vergangene Sessions abgelaufen sind. Solltest Du eine Beeinträchtigung nur im Anflug spüren, sprichst Du das Wort aus und verlässt den mentalen Käfig in dem Du Dich befindest. Das ist kein Zeichen von Schwäche, auch wenn Du es denkst und aus diesem Grund aushalten möchtest. Vielmehr zeigt die Verwendung des Safewords Deinem Partner, dass Du Dir der Risiken durchaus bewusst und in der Lage bist, Verantwortung für Deine Gesundheit und für sein Handeln zu übernehmen.

Als masochistischer oder devoter Part musst Du nicht dulden und musst keinen Schmerz ertragen, der Dir keine Lust verschafft und sogar unangenehm oder unerträglich wird. Du begibst Dich zwar in die Hände und in die Dominanz des Spielpartners, nicht aber in die körperliche Abhängigkeit ohne eigenen Willen.

Wenn Du dies beherzigst und nie vergisst, dass auch im BDSM Du allein die Herrschaft über Deinen Körper hast, wirst Du mit marginalem Risiko spielen und Dir die grenzenlose Lust und Hingabe sichern. Eine Zuwiderhandlung gegen die ungeschriebenen Gesetze jeder BDSM Spielart würde nicht nur Dich, sondern auch Deinen Partner verletzen und könnte auch bei ihm zu bleibenden Beeinträchtigungen führen. Er würde sich Vorwürfe machen und hinterfragen, warum er Deine Not nicht erkannt und ein Risiko so offensichtlich unterschätzt hat. Spiele immer mit Vorsicht und mit dem Hintertürchen des jederzeit einsetzbaren Safeword.

6.6. Was tun, wenn etwas passiert ist?

Ist das Malheur erst einmal passiert und Du hast Dich einem Risiko ausgesetzt und eine Verletzung begünstigt, kannst Du es nicht mehr rückgängig machen. Bei körperlichen Verletzungen ist klar, dass diese - im Zweifelsfall auch medizinisch - behandelt werden müssen. Du solltest nicht aus Deiner natürlichen und ganz normalen Charme heraus darauf verzichten, bei aufgeplatzter Haut, Rissen an den Körperöffnungen oder bei Blutergüssen aus Abschnürungen den Arzt aufzusuchen. Sei Dir sicher, dieser hat schon eine Menge an BDSM Verletzungen behandelt und wird Dir keine wirklich peinlichen Fragen stellen. Natürlich wird er sich nach der Ursache erkundigen. Dies geschieht aber nicht um Dich zu demütigen oder Dir einen peinlichen Moment zu verschaffen, sondern, um eine Gewalttat und unerwünschte Handlung an Deinem Körper auszuschließen.

Fakt ist natürlich, dass die Session nach einem Unfall körperlicher oder seelischer Natur sofort abgebrochen wird. Auch wenn Du den Bedarf nach einem Rückzug verspürst und den Partner am liebsten in dem Moment nicht mehr sehen möchtest, musst Du Dich dem Gespräch stellen. Logisch bei einer schweren Verletzung ist, dass Du natürlich zuerst medizinische Hilfe in Anspruch nimmst und Dich später mit dem Spielpartner unterhältst. Doch in den meisten Fällen handelt es sich eher um kleine Verletzungen und Beeinträchtigungen, die keiner ärztlichen Behandlung, dafür aber einer Aussprache mit dem Partner bedürfen. In der Aussprache geht es nicht um die Schuldzuweisung oder die Suche nach einem Verantwortlichen. Du hast Dich zum Spielen entschlossen, warst mit jeder Handlung einverstanden und hast das Safeword nicht benutzt.

Nun bist Du also auch nicht in der Position, Deinem Partner die volle Verantwortung für das Problem zu übertragen und Dich frei von jeglicher Schuld zu sprechen. Wichtig ist die Klärung der Tatsache, wie es dazu kommen konnte und welche Ursache der Verletzung zugrunde liegt. Vor allem als unerfahrener BDSMler kann Dir dieses Gespräch aus vielerlei Gründen unangenehm sein. Zum ersten kannst Du Dich nicht auf Erfahrung berufen und so keinen Vergleich zu ähnlichen Sessions mit anderem Ausgang ziehen. Zum zweiten ist eine gewisse Grundhemmung beim Sprechen über die Session und sexuelle Praktiken generell normal. Und last but not least kommt noch Punkt drei, welcher sich in der Vernebelung Deiner Erinnerung und in der Vielfalt der Emotionen ansiedelt. Auch für erfahrene BDSMler ist es nicht immer schnell und einfach nachvollziehbar, warum etwas passiert ist und wie es überhaupt so weit kommen konnte. Du musst Dir also keine Vorwürfe machen und auch dem Partner keine Schuld am Geschehen zuweisen.

Gemeinsam werdet ihr im Gespräch herausfinden, wie es dazu kam und in welcher Handlung oder Reaktion sich die Verletzung begründen konnte. Weiterführend dient das Gespräch dazu, die Vertrauensbasis zu erhalten und am eigenen Empfinden zu arbeiten. Bleibt die Aussprache außen vor, könntest Du Dich durch ein Erlebnis für weitere schöne Empfindungen verschließen und beim BDSM keinem Spielpartner mehr vertrauen. Da die seelische Beeinflussung enorm und auch bei körperlichen Verletzungen meist stärker als der erzeugte Schmerz vorhanden ist, gilt es, Deine Seele zu heilen und das enttäuschte Vertrauen wieder aufzubauen. Unfälle können passieren, aber im Gespräch geklärt und verarbeitet werden.

7. Bondage und BDSM – die Macht der fesselnden Leidenschaft

Im BDSM erhält Bondage eine ganz besondere Bedeutung. In allen Facetten kann die fesselnde Leidenschaft die Gemüter erhitzen und ist Erotik pur. Selbst in der Fotografie und Kunst hat sich Bondage bereits etabliert und vermittelt Sinnlichkeit, Hingabe und eine ganz eigenwillige, aber sehr emotionale Atmosphäre. Du hast im Bondage so viele Optionen, dass Du von der einfachen Fesselung Deiner Hände und Füße, über Daumen- und Zehenschellen, Ketten oder Seilen wählen kannst. Dabei ist jedes Bondage nicht einfach nur eine Option um Dich zu sedieren, sondern ebenfalls ein Aspekt, Deine Erotik in den Mittelpunkt zu stellen und Deine Unterwerfung als optischen Anreiz zu gestalten.

Wichtig ist, dass Du Dich beim Bondage nur einem Partner hingibst, mit dem die Fronten im Vorfeld geklärt wurden und dem Du blind vertrauen kannst. Aus einem wirklich perfekten Bondage kannst Du Dich nicht selbst befreien und bist so darauf angewiesen, dass Dein Partner das ihm entgegengebrachte Vertrauen nicht missbraucht und nur so weit geht, wie Du es ihm erlaubst. Im BDSM wird die Fesselung meist als Grundlage weiterer Spielarten genutzt. Du siehst also nicht nur erotisch aus, sondern bist in Deinen Handlungen eingeschränkt oder vollkommen machtlos. Bist Du bereit, Dich von Deinem Partner in Ketten oder Seile legen und fesseln zu lassen, kann dies auch in Kombination mit einer Abschnürung geschehen.

Nicht nur in der Atemkontrolle, sondern auch in der Abschnürung Deiner Brüste oder Geschlechtsteile ist ein gut gesetztes Bondage eine beliebte Spielart für den ultimativen

Lustgewinn. Doch gehst Du immer ein Risiko ein und musst Dir mit Deinem Partner einig sein, dass Du das Spiel jederzeit abbrechen kannst. Sobald Du das Safeword über die Lippen bringst, muss Dein Partner Dich ohne Fragen und Wartezeit aus der Verschnürung befreien und so den Druck von Deinem Körper und Deiner Seele nehmen. Gefesselt erlebst Du die Lust besonders intensiv und bist auch für den Partner besonders reizvoll.

Bondage spielt sich nicht nur auf Deinem Körper, sondern auch in Deinem Geist ab. Welche Lust Du bei einer Fesselung empfindest und wie stark Du ein Bondage und die damit einhergehende Sedierung bevorzugst, ist ein Detail Deiner mentalen Einstellung zur Spielart. Ich möchte Dir hier noch einmal aufzeigen, wie wichtig Dein Vertrauen in den Partner ist und dass Fesselspiele ohne eine vertrauensvolle Basis nicht reizvoll, sondern sehr gefährlich für Dich als sedierte Person sind. Wenn du in der Fesselung noch unerfahren bist oder bemerkst, dass Dein Partner im Knoten nicht präzise arbeitet und Dir keinen Lustschmerz, sondern nur unangenehmen Schmerz bereitet, brichst Du ab und vermeidest damit, dass er durch diese Behandlung tief und schmerzhaft in Deine Seele eindringt.

Im Bondage spielt das seelische und emotionale Empfinden eine übergeordnete Rolle. Deine Lust empfindest Du nicht in erster Linie durch die Stricke und Ketten auf Deiner Haut. Allein das Wissen zu Deiner Auslieferung und der wehrlosen Unterwerfung ist der Multiplikator Deiner Lust und der Grund, warum Bondage in vielen Spielarten zum Einsatz kommt und für beide Partner einen hohen Lustgewinn nach sich zieht, wenn die Fesselspiele sich an Deinen persönlichen Wünschen orientieren.

7.1. Bondage Schritt für Schritt lernen

Das perfekte Bondage erlebst Du ohne ausreichend Übung nicht. Dabei muss nicht nur Dein aktiver Partner, sondern auch Du lernen. Eine präzise Fesselung erfordert von beiden Partnern hohe Aufmerksamkeit und funktioniert nur im Zusammenspiel. Du musst mental, aber auch körperlich bereit und in der Lage zur Unterwerfung und Hingebung sein. Bist Du das, wirst Du Dich entspannt in Fesseln legen lassen und Dich nicht gegen die Sedierung sperren.

Bei einem länger und fest angelegten Bondage ist es besonders wichtig, dass Du die Position im Vorfeld übst und erkennst, ob Du in dieser Haltung genießen kannst, oder Dich aber unwohl fühlst und das Bondage in diesem Umfang lieber nicht in Deine Spielart einfließen lassen möchtest. Auch im Bezug auf die Knoten der Seile ist es wichtig, dass diese punktgenau angebracht sind und Deinen Blutfluss nicht so einschränken, dass Du taube Gliedmaßen bekommst oder gar mit einem Blutstau und seinen Risiken rechnen musst. Ich spreche hier nicht von der bewusst herbeigeführten Beeinträchtigung der Blutzirkulation mit einer Abschnürung, sondern von einem Bondage, welches Dich lediglich sedieren soll.

Folgende Schritte sind in der Lernphase ideal und führen dazu, dass Du an Fesselspielen den maximalen Lustgewinn finden und das Bondage in seinem ganzen Ausmaß genießen wirst.

Lese Dich in die Materie ein und nutze Bücher, die verschiedene Techniken und Bondage Möglichkeiten erläutern.

Beginne nie mit einem Ganzkörper Bondage oder einer Fesselung in hängender Position.

Wenn ein Knoten drückt oder Dir ein Gliedmaß einschläft, muss das Bondage sofort gelockert und Dir die Möglichkeit für einen Wechsel der Position gegeben werden.

Verlange nicht zu viel. Beginne langsam und sage Deinem Partner, dass Du im Fesselspiel unerfahren bist.

Fühlst Du dich in Handschellen oder Fußfesseln bereits unwohl, kann ein Bondage Dich oftmals erst recht nicht begeistern. Keine dünnen Stricke, sondern nur dickere Seile verwenden. Als Newbie solltest Du auf eiserne Ketten verzichten, da diese beim Wunsch nach schnellem Lösen oftmals nicht wirklich schnell entfernbar sind.

Auch als passiver Part solltest Du im Bondage die Knoten lernen und Dich so in eine Position bringen, Fehler bei der Arbeit des Partners zu erkennen und ihn darauf hinweisen zu können. Natürlich musst Du einen erfahrenen Meister im Fesselspiel nicht belehren, da dieser sein Handwerk versteht. Doch bei einem unerfahrenen Partner wird Dir die eigene Kenntnis von Vorteil sein und kann dabei helfen, aus einer geplanten Session mit Bondage keinen Reinfall werden zu lassen. Die optimale Übung ist beispielsweise der Selbstversuch mit Selfbondage.

Dabei kannst Du Deine eigenen Grenzen austesten und wirst merken, wie ein Bondage für den Lustgewinn sorgt. Die Empfindungen sind so unterschiedlich, dass sich die Stärke des Seils, die Anordnung der Knoten, aber auch die Anbringung des Bondage selbst positiv oder negativ auf Deine Leidenschaft auswirken können. Im Selfbondage lernst Du die Reaktion Deines Körpers kennen und hast obendrein die Chance, die eigene Fesselung zum Lustgewinn ohne Partner einzusetzen und mit Dir selbst ein Spiel zu spielen. Im Erlernen der Besonderheiten beim Bondage, sowie zur Gewinnung der Kenntnis zu Deinen Wünschen kann Dir das Selfbondage eine erotische Hilfe sein.

7.2. Ein Bondage richtig vorbereiten

Auf die Technik kommt es an. Natürlich, beim Bondage spielt die richtige Technik eine wichtige Rolle für das Gelingen und die gesteigerte Lust bei Dir als passivem, als auch bei Deinem Partner als aktivem Part. Doch solltest Du nicht allein die Technik beherrschen und in der Partnerwahl auf einen Knotenkünstler forcieren. Die Emotionen sind ebenso wichtig und werden sogar als noch wichtigerer Part als die eigentliche Technik betrachtet. Entferne dich in der Vorbereitung einer Fesselung von dem Gedanken, dass das Bondage in den Medien authentisch vermittelt wird. In den meisten Fällen zeigen die Medien nur spezielle Aspekte und lassen aus, was Bondage wirklich ist und welche Wirkung die Praktik im Spiel miteinander ausübt.

Trivial erscheinend, aber als Grundlage notwendig ist die Frage, welche Motivation Dich zum Bondage treibt und warum Du ein Fesselspiel erleben möchtest. Nun wirst Du denken, was soll die Motivation für eine Basis sein? Natürlich willst Du zum Lustgewinn gefesselt werden. Halt! Mit diesem Ansatz kann es Dir passieren, dass das Bondage eine unschöne Erfahrung für Dich wird.

Denn auch wenn der Lustgewinn, außer bei einem ästhetischen Bondage für Film- oder Foto Aufnahmen im Vordergrund steht, differenziert er sich. Vielmehr sollten die Fragen sich an diesen Gedanken orientieren:

- ➤ Will ich meinem Partner willenlos ausgeliefert sein?
- ➤ Soll das Bondage meine Handlungsfähigkeit in einer BDSM Spielart ausschließen?
- ➤ Will ich beim Bondage Lustschmerz spüren?
- ➤ Soll sich der erotische Reiz für den Partner erhöhen?
- ➤ Stehen für mich Sinnlichkeit und Erotik, oder Macht und Hilflosigkeit im Fokus?

Auch wenn Dich die Fragen verwundern und Dich Glauben machen, dass der Sinn und Zweck des Bondage in der Antwort immer auf dieselbe Linie hinausläuft, wirst Du von den vielseitigen Möglichkeiten für Antworten und Fragen gefordert sein und kannst bereits hier an Deine Grenzen stoßen.

Wie bereits erwähnt, sind Technik und Emotionen gleichermaßen wichtig. Da Du über die gewünschten Emotionen nur dann urteilen kannst, hast Du diese für Dich definiert, ist die Beantwortung der Fragen im Vorfeld ein wichtiger Bestandteil der Vorbereitung. Gleiches gilt natürlich auch für Deinen Partner. Besonders intensiv und emotional lässt sich ein Bondage erleben, verfolgt ihr die gleichen Ziele und liebt das Fesselspiel aus einer identischen Motivation.

Zur professionellen Vorbereitung gehört also auch, dass Du Dich mit Deinem Partner absprichst und ihr offen über eure Motivation, die Erwartungen an die Session und die Wirkung des Bondage sprecht. Um beim Bondage selbst keine unangenehmen Details zu begünstigen, sollte das Seil in der Vorbereitung mit Präzision und natürlich mit einem erfolgenden Test gewählt werden. Am besten hast Du mehrere Seile und damit die Chance, das zu Deiner Tagesform passende Seil für die Fesselung zu wählen. Dein Partner kann vorbereitend ein kleines Bondage an Dir vornehmen und Dich so fühlen lassen,

ob das Seil, sowie die Knotentechnik positiv auf Deine Emotionen wirken.

Du brauchst Geduld. Die Vorbereitung, aber auch das Bondage selbst ist keine Spielart für eiligen Lustgewinn. Die Fesselung soll sauber und professionell durchgeführt werden und
erfordert von Dir und Deinem Partner, dass ihr konzentriert
und ohne Hektik ans Werk gehen könnt.

7.3. Spielzeuge und Zubehör

Willst Du beim Bondage nicht einfach nur in Deinem Bett liegen und mit den Fesseln am Kopfteil sediert werden, solltest Du Dich in der Vielfalt an speziellen BDSM und Bondage Möbel umsehen. Du wirst erstaunt sein, wie unterschiedlich sich die Auswahl der Möbel zeigt und welche Möglichkeiten sie für Dein Spiel bieten. Damit das Bondage Möbel nicht stetig offen im Raum steht, kannst Du ein zerlegbares Modell wählen und es nach einer Session im Schrank verstauen.

Sehr beliebt sind der aufstellbare oder an der Decke zu befestigende Träger, sowie eine Liebesschaukel. Da BDSM Möbel in der Regel verstellbar sind, kannst Du sie für unterschiedliche Spielarten beim Bondage einsetzen und sie optimal auf Deine Körpergröße anpassen. Natürlich gehören Seile oder Ketten, Hand- und Fußschellen, ein Knebel und die Augenbinde, sowie Dildos, Plugs und Spreizer zu den Utensilien. Die Grundlage sind immer ein Seil zum Fesseln und eine Befestigung, um Dich in Deinen Fesseln an einem gewählten Ort zu sedieren.

Nicht in jeder Wohnung kannst Du einen Deckenhaken anbringen und Dich mit den Händen über dem Kopf in Dein Bondage legen lassen. Sollte diese Option in Deiner Wohnung nicht bestehen - weil die Decke beispielsweise zu hoch oder nur aus Trockenbau ist - empfiehlt sich ein spezielles Möbel für unterschiedliche Spiele in Fesselung.

Da Du das Bondage ja als Neigung in Deiner BDSM Leidenschaft ausleben und nicht nur zu ästhetischen Zwecken für Bilder oder Videoaufnahmen erleben möchtest, sind kleine Details nicht unwichtig. Dein Partner kann Dich mit einem

Dildo dehnen, kann Dir den Mund mit einem Knebel verschließen, Deine Sinne durch die Blindheit mit einer Augenbinde schärfen oder Deine Beine so weit spreizen, dass er problemlos mit Dir spielen und jede Stelle Deines Körpers nach seinen Wünschen ins Spiel einbeziehen kann. Auch Nippel- oder Schamlippenklemmen sind im Bondage keine Seltenheit und werden gerne in Kombination mit den Fesseln und Deiner Sedierung verwendet. Wichtig ist nur, dass Du mit der Verwendung der Spielzeuge einverstanden bist und mit Deinem Partner im Vorfeld besprichst, welche Spielzeuge er an und in Deinem Körper anwenden und Dir damit den Lustgewinn der süßen Pein verschaffen darf.

In einer kleinen Wohnung kannst Du natürlich keine großen Gerätschaften aufstellen und so die Lust mit einem speziellen BDSM Möbel erleben. Hier ist ein Sklavenstuhl in Form eines kleinen Hockers eine Option. Auf diesem kann Dich Dein Partner fixieren und sowohl Deine Arme, als auch Deine Beine in Position bringen und am Stuhl befestigen. Da das Bondage nur eine Vorarbeit zum eigentlichen Spiel ist, hast Du in der Auswahl der Spielzeuge viel Raum für Deine Phantasie. Möchtest Du in gefesselter Situation die Peitsche oder Reitgerte auf Deinem Körper spüren, gehört diese zu den Spielzeugen dazu und sollte in Vorbereitung der Session bereitgelegt werden.

Auch eine weiße Kerze für Wachsspiele ist in Kombination mit einem Bondage eine beliebte Spielart und sorgt für besonders intensive Sinnesreize. Bondage Spielzeuge musst Du nicht teuer im Erotik Shop kaufen, sondern kannst viele Dinge aus dem Haushalt verwenden und so ohne große Shoppingtour auf Deine Kosten im fesselnden Spiel kommen.

7.4. Bondage hat viele Gesichter

Das Bondage hat viele Facetten und ist eine Spielart, die Dir unzählige Möglichkeiten für Deinen Lustgewinn bietet. Von einfachen Fesselspielen mit Handschellen oder Ketten um Arme und Beine, kann das Bondage auch ein echtes Kunstwerk sein und unzählige Knoten von Seilen um und über Deinen Körper führen. Dein Partner kann Dich lokal sedieren oder kann Deinen ganzen Körper in das Bondage einbeziehen und Dich gänzlich unbeweglich machen.

Egal für welche Form des Bondage Du Dich entscheidest, Du brauchst Vertrauen in Deinen Partner, sowie eine gehörige Portion Geduld. Ein richtiges Bondage ist nicht in wenigen Minuten vorbereitet, sodass Du Ausdauer und auch Kondition benötigst. Soll Dein Partner Dich vollständig fesseln, kann die Fertigung der Knoten bis zu mehreren Stunden dauern und von Dir verlangen, dass Du absolut still stehst und Deine Position in dieser Zeit nicht veränderst.

Beschäftigst Du Dich mit Bondage intensiver und lässt die Vielfalt der Fesselarten und der optionalen Spiele rund um das Bondage auf Dich wirken, wirst Du gravierende Unterschiede in den Anforderungen an Dich, sowie den Herausforderungen der Spielart erkennen. Daher ist es besonders wichtig, mit dem Wunsch nach einem Bondage nicht einfach nur über die Fesselung zu sprechen, sondern Deine Wünsche genau zu definieren. Eine Sedierung über mehrere Stunden wird ebenso als Bondage bezeichnet, wie das Fesselspiel, bei dem Du nur an Händen und Füßen fixiert und am Körper selbst noch frei in Deiner Bewegung bist.

Als Newbie möchte ich Dich aufklären, warum Du Dich mit einem Bondage nicht überfordern solltest. Auch wenn der Reiz sehr groß ist und Du stillhalten und Dich in Geduld üben kannst, kann die länger in einer Position verbrachte Zeit zur mangelnden Blutzirkulation führen und Deine Gliedmaßen einschlafen lassen. Bemerkst Du ein unangenehmes Kribbeln oder spürst Kälte in Händen und Füßen, solltest Du das Spiel von Deiner Seite aus beenden und Dich aus dem Bondage befreien lassen. Schließlich willst Du Lust genießen und keine gesundheitlichen Folgen aus Deinem Spiel begünstigen. In der farbenfrohen Palette der Fesselung findest Du für ganz unterschiedliche Wünsche und Bedürfnisse ein Bondage, welches genau Dein Gespür trifft bei Dir für die gewünschten Emotionen sorgt.

Die Facetten des Bondage unterteilt man in:

- ➤ Zweckbondage
- ➤ Zierbondage
- ➤ Folterbondage
- ➤ Filmbondage
- ➤ Mediatives Bondage

An den diversen Arten erkennst Du, das Bondage die Grundlage für viele Spielarten ist und Dir die weite Welt des BDSM von ihrer schönsten Seite eröffnet. Je nachdem, für welche Spielart Du und Dein Partner euch entscheidet, wählt ihr das entsprechende Bondage und sorgt so für die Sedierung des passiven Parts im Spiel. Bondage ist weitaus mehr als nur die Fesselung Deines Körpers. Es betrifft Deine Seele und kann positive, aber auch negative Emotionen hervorrufen. Umso wichtiger ist es, dass Du bei der Auswahl der Bondage Möglichkeiten genau überlegst und Dich für eine Sedierung entscheidest, bei der Du trotz sexuell untergebener Position die Oberhand behältst und Deine Neigung ausleben kannst.

Kaum eine andere Spielart ist so vielseitig wie Bondage und kann auf so unterschiedliche Weisen zum Einsatz kommen und ganz individuelle Erlebnisse und Emotionen in Körper und Seele hervorrufen.

7.5. Verschiedene Knoten

In der kleinen Knotenkunde erfährst Du nicht nur, dass es eine Vielfalt an Knotentechniken in unterschiedlichen Schwierigkeitsgraden gibt, sondern auch wie Du sie bindest. Als Newbie empfiehlt es sich, von sehr schweren und schwierig lösbaren Seilverbindungen abzusehen und Dich lieber auf die Knoten zu besinnen, die Dich langsam an das Bondage heranführen und auch für Anfänger realisierbar sind.

Zu den einfachen Knotentechniken gehören:

➤ Kreuzknoten
➤ Achterknoten
➤ doppelter Bulin (ist auch als Palstak Knoten bekannt)
➤ Schotstek
➤ Kreuzschlag
➤ und Ankerstich

Auch der Diamantknoten wird Dir in Deiner Bondage Karriere begegnen. Hierbei handelt es sich aber um einen reinen Zierknoten, welcher nicht für die Kombination mit den verschiedenen BDSM Spielarten geeignet ist und hauptsächlich in der Kunst und Fotografie zum Einsatz kommt.

Für den Kreuzknoten brauchst Du 2 Seile in gleich starker Ausführung. Dabei legst Du ein Seil in Form einer Schlinge hin und führst das andere Seil, ebenfalls als Schlinge, hindurch. Der Kreuzknoten ist für Newbies ideal, da er problemlos auch selbst gelöst werden kann. Er eignet sich für Fesselspiele an den Händen und Füßen, aber auch für ein Oberkörper- oder Ganzkörper Bondage.

Beim Achterknoten gibt es zwei verschiedene Varianten. Häufig wird der Palstak, der doppelte Achterknoten verwendet. Einfacher ist aber die Nutzung eines einzelnen Seils, welches Du in Form einer 8 verknotest und problemlos auch nach starker Beanspruchung wieder lösen kannst. Generell solltest Du darauf achten, dass ein Bondage Seil nie zu dünn ist. Eine gewisse Seilstärke schließt aus, dass sich die Knoten beim Bondage zu fest ziehen und so straffen, dass sie nur mit einer Schere und dem Schnitt durch das Seil gelöst werden können. Ein Achterknoten eignet sich optimal für eine Verwendung in Kombination mit Karabinern oder Ringen, die zur Befestigung am Bettpfosten oder einem BDSM Möbel genutzt werden können. Dieser Knoten in Form einer 8 zeigt sich mit einer Schlaufe, in der der Karabiner während des Seilknotens eingebracht wird.

Der Kreuzschlag ist ein relativ einfacher Knoten, welcher in seiner Optik an eine Brezel erinnert. Er wird auch als Überhandknoten bezeichnet und benötigt nur ein Seil. Dabei legst Du eine Schlaufe und führst das Ende des Seils durch diese Schlaufe hindurch. Du ziehst den Knoten fest und fertig ist der Kreuzschlag.

Für den Ankerstich benötigst Du zwei Seile. Eins legst Du ausgebreitet hin, während Du das andere Seil als Umrundung des gerade liegenden Seils nutzt und beide Enden durch die entstandene Schlinge führst. Dieser Knoten wird häufig bei der Feuerwehr verwendet und ist nie so fest, dass er unlösbar ist. Einen Ankerstich kannst Du auch ganz aus Versehen erzeugen. Wird der Kreuzknoten falsch belastet, ist eine Umwandlung in den Ankerstich Knoten möglich. Du kannst alle Knoten miteinander kombinieren und die jeweils beste Verbindung für eine Fesselung an Deinem Körper bevorzugen. Wichtig ist immer, dass die Seile nicht schmerzhaft in Deine

Haut einschneiden oder die Blutzufuhr abschnüren. Dein Bondage Meister sollte nicht nur in der Knotenkunde, sondern ebenfalls in der menschlichen Anatomie erfahren sein und mehr als nur Grundkenntnisse aufzeigen. Ein falsch gesetzter Knoten kann sehr hohe Risiken nach sich ziehen.

7.6. Bondage in der Kunst

Bondage ist längst kein reiner Aspekt der erotischen Ausrichtung mehr. Fotografen, Maler und andere Künstler haben die fesselnde Wirkung von gut geknoteten Seilen erkannt und in ihre Arbeit integriert. Ein ästhetisches Bondage hat auch nichts mit Pornografie oder dem Abdriften in die BDSM Szene zu tun. Der optische Reiz eines durch Seile sedierten Körpers ist nicht zu unterschätzen und begeistert auch Menschen, die in ihrer realen Sexualität mit BDSM und Bondage keinen Kontakt haben. Warum das so ist, wirst Du dich fragen?

Wenn Du Dich selbst in den Seilen siehst und Deine eigene Unbeweglichkeit spürst, was empfindest Du dann? Bist Du nur auf Deine Lust aus oder erregt Dich auch der Anblick Deines gefesselten Körpers? Sicherlich wirst Du diese Erregung nicht abstreiten und von der Hand weisen können. Es ist also nicht verwunderlich, dass Bondage in der Kunst längst einen festen Bereich eingenommen hat und vielfach, wenn auch nicht immer fachmännisch, praktiziert wird.

Um ein wirklich kunstvolles Bondage Objekt abzulichten und die Fotosession für das Model so angenehm wie möglich zu gestalten, sollte der Künstler durchaus einen Hang zur Knotentechnik haben und auch die Anatomie des Körpers kennen. Zwar werden die Fesseln für eine künstlerische Darstellung nicht so fest wie in einer BDSM Session gezogen, doch kann sich durch die lange Ausdauer und Geduld durchaus ein Problem bemerkbar machen. Wie vor einer BDSM Session auch, solltest Du Dich vor einer Fesselung in der Kunst bewegen und Deine Muskeln entspannen. Rege Deinen Blutkreislauf an und treibe am besten Sport.

Das müssen keine Höchstleistungen sein, schließlich sollst Du Dich nicht verausgaben. Doch die Bewegung, auf die Du auch vor einer Session mit Bondage achten musst, spielt auch in der Kunst eine übergeordnete Rolle und unterstützt Deine Ausdauer, sowie die Zirkulation des Blutkreislaufs. Wenn Du Dich für ein Kunstwerk im Bondage entscheidest, solltest Du Dich nicht auf die Technik des Fotografen oder Künstlers verlassen. Am besten nimmst Du diesen Termin mit Deinem Partner gemeinsam wahr und lässt Dich von ihm in die Seile legen. Als BDSM und Bondage Model solltest Du immer einen Partner zum Termin mitnehmen und so ausschließen, dass Deine körperlichen Reize den Künstler zu mehr als nur Fotoaufnahmen oder Bildern auffordern. Vertrauen ist auch hier die Grundlage, obwohl kein sexuelles Spiel auf der Agenda steht. Du entblößt Dich, zeigst dem Künstler eine sehr intime Seite von Dir und musst davon ausgehen, dass auch der Künstler als Mensch den optischen Reizen erliegt und seine Emotionen kontrollieren muss. Hast Du einen Partner oder eine Freundin dabei, wirst Du Dich auf ein überzeugendes und sehr attraktives Kunstwerk freuen können.

Da Du allein über Deinen Körper bestimmst, solltest Du im Vorfeld über alle eventuellen Risiken sprechen und so vermeiden, dass der Künstler die Bondage Bilder von Dir zum Geldverdienen nutzt. Bist Du mit einer Veröffentlichung Deiner Fotos nicht einverstanden, halte dies im Vertrag fest. Die Nachfrage nach Bondage Material ist so groß, dass ein Fotograf oder Maler der Versuchung erliegen kann. Nicht nur Dein Körper, sondern auch die Bilder und der mögliche Verdienst reizen.

7.7. Der Reiz bei totaler Auslieferung

Beim Bondage lieferst Du Dich Deinem Partner vollständig aus und erlebst durch diesen Aspekt einen ganz besonderen Reiz. Du begibst Dich vollständig in seine Hände, in seine Erfahrung und seine Gnade. Deine Lust wird gesteigert, indem Du Dich seiner Lust hingibst und selbst willen- und wehrlos bist. Im Hinterkopf hast Du immer den Gedanken, dass Du Dich zwar auslieferst, letztendlich aber die Zügel in der Hand hältst und selbst über den Verlauf oder die Länge einer Session bestimmst. Doch diesen Gedanken solltest Du im Spiel verdrängen und erst wieder aus Deinem Speicher im Hirn abrufen, wenn Dein Wunsch nach der Aussprache des Codewort steht.

Konzentrierst Du Dich zu intensiv auf Deine eigentliche Dominanz, wird dies Deinen Lustgewinn schmälern und den Reiz der totalen Hingabe mindern. Nicht nur für Dich, sondern auch für Deinen Partner ist Dein im Bondage gefesselter Körper ein reizvolles und die Lust steigerndes Objekt. Du musst wissen, dass BDSM für Dich bedeutet, dass Du Dich zu einem Objekt machst und im Moment einer Session kein Wesen mit Persönlichkeit und eigenem Willen, sondern ein Spielzeug der Lust Deines Partners bist. Die Fokussierung auf Deinen Körper ist für Euch beide die Leidenschaft, die Euch verbindet und die Euch zu Spielpartnern macht.

Dabei empfindet der aktive Part ebenso einen Reiz, der sich in seinem Hirn aber auf andere Art äußert als der Reiz, dem Du unterliegst und dem Du Deine ganze Aufmerksamkeit widmest. Die reizvolle Position ist ein Grund, warum Bondage in der Kunst eine so große Rolle einnimmt und längst den Weg aus der rein sexuellen Lust gefunden hat. Als passiver Part

ziehst Du Deinen Lustgewinn vollständig aus der Auslieferung, was dem Bondage für Dich eine ganz besondere Bedeutung verleiht. Die Steigerung Deiner Leidenschaft erkennst
Du am besten, wenn Du mit Deinem Partner erst ohne Bondage, dann in gefesselter Position spielst.

Du wirst in dieser wehrlosen Position ein ganz besonderes
Kribbeln verspüren, welches Dir zeigt, dass das Bondage für
Dich zum Lustgewinn wichtig ist und das Ausleben Deiner
Neigung besonders intensiv werden lässt. Dieser Reiz lässt
sich mit nichts anderem vergleichen und nur schwer in Worte
fassen. Wenn Du Deine Augen schließt und Dir die Auslieferung und Unterwerfung vorstellst, wird sich Deine Lust auf
ein Spiel mit dem Partner bereits steigern. Allein an diesem
Faktor erkennst Du, dass die Seile um Deinen Körper für Dich
eine wichtige Grundlage zum Spielen sind und Dir eine Breite
an lustvollen Emotionen ermöglichen, die Du ohne Fesselung
nicht mit gleicher Intensität erleben würdest.

Ein weiterer Reiz ist die vertrauensvolle Hingabe, die Du
Deinem Partner durch ein Bondage beweist. Würdest Du ihm
nicht blind vertrauen, dürfte er Dich nicht fesseln und der
Meister über Deine Lust und Deinen Schmerz sein. Es gibt im
BDSM keinen größeren Vertrauensbeweis als ein Bondage,
welches Dich in die vollständige Macht Deines Partners führt
und Deine Emotionen, Dein Empfinden und Deine Lust allein
und vollständig in seine Hände legt. Für Deine Hingabe wirst
Du nicht nur von ihm, sondern von Deinen eigenen Emotionen und dem sehr starken Lustgewinn belohnt.

7.8. Passive und aktive Lust beim Bondage

Dort wo es Dich als passiven Genießer der Lust im Bondage gibt, gibt es auch einen aktiven Part. Jeder Bondage Liebhaber ist auf seine Art ein Künstler und zieht seinen Lustgewinn nicht allein aus Deinem Körper, sondern aus der Kunst der Schnürung und den vielseitigen Facetten des Bondage. Als passiver Part ist es für Dich meist unvorstellbar, welche Lust der aktive Spieler beim Bondage empfindet und warum eine Session für ihn ebenso reizvoll ist wie für Dich. Halte Dir vor Augen, dass der aktive Part seine Lust aus Deiner Hingabe zieht und aus diesem Grund einen enormen Reiz verspürt, legst Du Deinen Körper und Dein Empfinden in seine Hände und vertraust ihm Deine Gesundheit, Dein Wohlbefinden und Deine Leidenschaft an.

Bei Deinem ersten Bondage wirst Du Dich über die Ruhe und Gelassenheit des aktiven Partners wundern. Dir muss bewusst sein, dass das Bondage nicht einfach nur eine Praktik für eine schnelle BDSM Session ist. Vielmehr verbindet der aktive Partner mit dem Bondage ein Ritual, in dem er sich und Dich auf das Spiel vorbereitet. Es gibt auch Bondage Künstler, die ihre Leidenschaft allein aus dem Knoten der Seile ziehen und für ihre Lust keine kombinierte BDSM Spielart benötigen. Allein Dein hilfloser und sehr erotischer Anblick führt hier zur Befriedigung und dazu, dass der Partner zwar aktiv, nicht aber am Sex oder einem mechanischen Einfluss auf Deinen Körper ist. Darin begründet sich auch die Wichtigkeit, Dich vor der Zustimmung zu einem Bondage genau darüber in Kenntnis zu setzen, mit welchen Wünschen der aktive Part an die Fesselung geht und was genau er sich aus der kunstvollen Verschnürung Deines Körpers verspricht.

Ist ein Bondage Künstler ein reiner Ästhet, wird er sich an Deinem wehrlosen Bild bereichern und wird die von Dir ausgestrahlten Emotionen wie ein Schwamm in sich aufsaugen. Möchtest Du das Bondage als Unterstützung einer anderen Spielart nutzen, ist ein reiner Ästhet für Dich kein Partner. Generell lässt sich der Begriff Lust ebenso weiträumig definieren, wie es im BDSM und allein im Bondage Spielarten gibt. Um durch ein Bondage Deine Erfüllung als passiver Part zu finden, müssen Deine Wünsche und Vorstellungen sich mit den Bedürfnissen des aktiven Parts in Harmonie zeigen und so für Euch beide zum Lustgewinn dienen.

Langsam, mit Bedacht und Kenntnis über die menschliche Anatomie widmet sich der aktive Part der Fesselung. Dabei sieht er Deinen noch ungefesselten Körper nicht als erotisches Objekt seiner Begierde. Erst durch die Verschönerung mit dem Seil, den Ketten und den Knoten über Deinem Körper wird sich beim Bondage seine Lust steigern. Nicht selten empfindet ein aktiver Bondage Künstler bei einem nackten Körper nicht die Lust, die Du bei ihm vielleicht vermuten würdest. Erst wenn Dein Körper durch das Seil bekleidet und in seiner unschuldigen Position vor ihm liegt, kann er seine Lust nicht mehr zügeln und wird Dich als das Schönste empfinden, was er bisher gesehen und selbst gestaltet hat. Du bist ein Kunstwerk. Um dabei auf Deine Kosten zu kommen, müsst ihr auch über Deinen passiven Lustgewinn vor dem Bondage sprechen.

7.9. Fesselnde Leidenschaft mit anderen Spielarten kombinieren

Ziehst Du Deine Leidenschaft im Bondage nicht allein aus der Fesselung, tut sich Dir ein breites Spektrum an kompatiblen Spielarten auf. Du kannst Bondage sowohl mit Dehnspielen, mit Dominanz und Unterwerfung im SM, sowie mit der Züchtigung und Erziehung, aber auch mit Wachsspielen, mit Geduldsübungen und vielen weiteren Spielarten gemeinsam wählen. Hier dient Dir und Deinem Partner die Fesselung als Grundlage und als Option, Dich zu sedieren und seine Lust durch Deine Unbeweglichkeit und Hilflosigkeit in der totalen Hingabe zu erhöhen und sie in besonderem Maße auszuleben. Du kannst das Bondage als Steigerung aller BDSM Spielarten ansehen und wirst ein Erlebnis immer als intensiver empfinden, als es ohne die Seile um Deinen Körper der Fall wäre.

Was passiert beim Bondage mit Dir? Das kommt ganz auf Deine persönliche Einstellung und Deinen Wunsch an die Fesselung an. Von einer einfachen Sedierung der Gliedmaßen, bis hin zur restlosen Unterwerfung mit Körper und Geist kannst Du beim Bondage agieren und so Deinen Lustgewinn steigern. Du vertraust Deinem Partner. Denn sonst hättest Du Dich von ihm nicht in Seile legen und seinem Willen unterwerfen lassen. Dein Geist signalisiert Dir die Hingabe und das Vertrauen, welches für Dich so wichtig ist. In Deinem Körper werden alle Sinne sensibilisiert und auf die gewählte Spielart vorbereitet. Da Deine Haut sich beim Bondage besonders sensibel zeigt, wirst Du jede Berührung Deines Partners oder BDSM Spielzeugs mit einer neuen Intensität spüren und viel intensiver als ohne Fesselung wahrnehmen.

Deinem erfahrenen Partner ist das klar, sodass er, bist Du in Seilen gefesselt, besonders behutsam und nur mit langsamer Steigerung mit einem Spiel beginnt. Auch für ihn ist der Reiz von besonderer Ausstrahlung und wird seine Phantasie anregen. Du liegst wehrlos vor ihm, kannst nicht agieren, ihn nicht berühren. Du hast Dich in die Position zum Objekt seiner Lust begeben und bescherst ihm einen Moment, der auch seine Sinne nicht unberührt lässt und neue Intensität in Euer Spiel bringt. Da Dein Körper von Seilen umschlungen und mit Knoten der Seile bestückt ist, muss Dein Partner besonders konzentriert spielen und sich genau in seinem Metier auskennen.

Trifft die Peitsche oder eine Reitgerte auf einen Knoten auf Deinem Körper, kann dies den Lustschmerz in einen echten und unerwünschten Schmerz verwandeln. Die gegenseitige Kenntnis vom Körper und der Leidenschaft des Anderen, sowie die Sensibilität im Umgang mit einem Bondage sind Grundvoraussetzungen für ein erfülltes Spiel und die Kombination von BDSM Spielarten mit der Fesselung Deines Körpers.

Um Deiner Neigung noch mehr Raum zu geben und das Vertrauen zwischen Dir und Deinem Partner zu festigen und in einen grenzenlosen Rahmen zu verwandeln, ist die Verwendung eines Bondage bei vielen BDSM Spielarten von besonderer Bedeutung. Auch wenn Du Dich in Geduld geübt und das Safeword immer im Hinterkopf hattest, konntest Du bei Spielarten ohne Bondage immer ausweichen und Dich entsprechend Deiner Emotionen bewegen. In Seilen liegend ist Dir diese Möglichkeit verwehrt, sodass Du Dich voll und ganz auf Deinen Partner und seine Sensibilität verlassen musst. Du wirst Deine Sinne schärfen und die neue Situation sehr genießen.

7.10. Ist Bondage sicher?

Bondage ist nicht sicher und bringt immer ein gewisses Risiko mit sich. Doch genau darin liegt der Reiz, dem Du Dich ergibst und der Dir beim Bondage den bisher unbekannten Kick verschafft. Natürlich sollst Du Deine Gesundheit nicht aufs Spiel setzen und Deinem Körper mehr abverlangen, als er anhand Deiner Erfahrung und Deiner Grenzen verkraften kann. Doch von Sicherheit und Bondage in einem Satz zu sprechen, würde den Sinn der Fesselung außer Kraft setzen und Dir ein gänzlich falsches Bild von Bondage Spielen vermitteln. Du kannst die Risiken mindern und das Bondage im von Dir gewünschten Rahmen sicher gestalten. Doch wird ein kleines Risiko immer mitspielen und dafür verantwortlich sein, dass Deine Endorphine verrücktspielen und Deine Emotionen Purzelbäume schlagen.

Es gibt einige Grundregeln, die gesundheitliche Risiken beim Bondage mindern und das Spiel so sicher wie möglich erleben lassen. Besonders wichtig ist, dass der Bondage Künstler und aktive Part im Spiel sich in anatomischen Besonderheiten des Körpers auskennt. Um dieses Wissen zu verfügen und bei der Fesselung einzusetzen, bedarf es keiner medizinischen Ausbildung. Vielmehr muss Dein Partner die Punkte am menschlichen Körper kennen, die durch einen marginalen Druck bereits zur Ohnmacht oder zur Einschränkung der Blut- und Sauerstoffzufuhr führen können.

Das anatomische Wissen ist auch dann wichtig, wenn Du kein Bondage am ganzen Körper bekommst und nur an den Gliedmaßen gefesselt wirst. Denn wenn die Durchblutung durch das Bondage eingeschränkt und gemindert wird, können eingeschlafene Gliedmaßen das sichere Zeichen für die

Notwendigkeit der Beendigung einer Session sein. Unpassende oder zu dünne Seile, sowie an den falschen Körperstellen platzierte Knoten können da schon zu schwereren Folgen führen. Wie Du siehst, hängt die Sicherheit beim Bondage zum großen Teil vom Wissen Deines Partners und seinen Fähigkeiten, sowie seiner Erfahrung ab. Aber auch Du bist für Deine Sicherheit und die Unversehrtheit Deines Körpers verantwortlich.

Du kannst diese Verantwortung nicht allein auf den aktiven Part übertragen und Dich selbst frei von allen Kenntnissen sprechen. Um beim Bondage Spaß zu haben und eine Gefährdung Deiner Gesundheit und Unversehrtheit auszuschließen, solltest Du im Wissen ebenfalls auf einem hohen Stand im Bereich Anatomie, sowie in der Kenntnis über Deinen Körper und seine Reaktion sein. Gerade bei unerfahrenen Bondage Liebhabern kann eine Situation schnell unterschätzt und nicht als das Signal gedeutet werden, welches Dein Körper Dir vermitteln möchte. Bist Du während einer Session unschlüssig und verspürst in Deinem Körper oder Deiner Seele eine ungewollte Reaktion, solltest Du nicht ausharren und hoffen, dass diese von selbst vorbeigeht und der Lust wieder Platz gibt.

Um die Sicherheit nicht zu unterschätzen und Dich als unerfahrener Bondage Liebhaber in eine gefährliche Situation zu begeben, solltest Du auch bei Fesselspielen die Intensität nur langsam steigern und nicht gleich mit einem schwierigen und sehr herausfordernden Bondage beginnen. Noch mehr Einfluss als auf Deinen Körper, kann ein Bondage auf Deine Seele nehmen. Zu enge Fesseln, die Unbeweglichkeit und eigentlich erwünschte Abhängigkeit und Unterwerfung Deines Partners kann bei Dir zu Panik führen und einen Absturz nach sich ziehen. Höre auf Deine Signale, so erschaffst Du Sicherheit.

8. Die Szene – ein Muss oder eine Kann-Entscheidung?

Du stehst auf Bondage und möchtest Deine Neigung im BDSM ausleben, neue Grenzen kennen lernen und Deiner Leidenschaft Raum geben. Dazu musst Du natürlich in der BDSM Szene aktiv sein und Dein bisheriges Leben, so wie es war, an den Nagel hängen. Glaubst Du das wirklich? Dann kann ich Dich beruhigen. Die BDSM Szene ist kein Muss und für Dich absolut kein Meilenstein, möchtest Du Deine Lust mit Deinem Partner ausleben.

Warum solltest Du in Clubs gehen, oder Dich von fremden Männern fesseln lassen, wenn Dein eigener Partner Dir zu Hause diesen Wunsch erfüllt und Deiner Leidenschaft mit Dir teilt? Wie Du siehst, für Dich muss sich im realen Leben gar nichts ändern und Du kannst Deine Wünsche zu Fesselspielen genau dort lassen, wo Du sie erleben willst. Und zwar zu Hause, in der Beziehung mit Deinem Partner und ohne ein öffentliches Outing oder die Mitgliedschaft in einem BDSM Club.

Solltest Du den Wunsch nach Abwechslung spüren und Dich nicht allein auf Deinen Partner beschränken wollen, ist die Szene immer noch kein Muss. Du kannst Dir sicher sein, es gibt mehr Bondage- und BDSM Liebhaber wie Dich, die sich keiner geschlossenen Gemeinschaft anschließen und ihre sexuelle Neigung lieber ohne Mitgliedschaft in einem Club und den Besuch von Veranstaltungen für BDSMler und Bondage Fetischisten ausleben. Wenn Du Dich zu Beginn der Erkenntnis über Deine Neigung im Internet informierst, wirst Du größtenteils Berichte zur Szene finden und so automatisch mit dem Glauben sympathisieren, dass diese für Deine Entwicklung und der Bekenntnis zu Deiner Neigung notwendig ist.

Steht dir nicht der Sinn nach einem BDSM Club oder einem Event, auf dem Du andere Paare oder Singles mit gleicher Neigung kennenlernen kannst, musst Du mit Deiner Leidenschaft überhaupt nicht an die Öffentlichkeit treten und Dich als Zugehöriger zu einer Szene outen. Natürlich kannst Du Dich darauf verlassen, dass die in sich geschlossene BDSM Szene diskret ist und Deine Neigung nicht nach außen dringen lässt. Jeder der sich zur Szene bekennt und diverse Clubs oder Locations mit BDSM Ausrichtung besucht, legt Wert auf seine Diskretion und möchte nicht, dass seine Neigung und Vorlieben in die Öffentlichkeit gelangen. In Punkto Privatsphäre würdest Du also auch keine Einschränkung erleben, wenn Du Dich für die Szene entscheidest und das alleinige Ausleben Deiner Neigung im Schlafzimmer wenig reizvoll findest.

Hier kann Dir niemand einen Tipp geben, in welche Richtung Du tendieren und ob Du mit, oder ohne die Szene die Erfüllung Deiner Wünsche erzielst. Generell kann ich Dir aber raten, dass Du vor allem als Newbie nicht unbedingt mit Deiner Neigung an die Öffentlichkeit gehen und Dich einer Szene anschließen musst. Reicht Dir der Spielraum zu Hause und Du bist mit Deinem Partner zufrieden, könnt Ihr eure Leidenschaft für BDSM als intimes Geheimnis wahren und es allein unter euch ausleben.

Wenn Du den Drang nach Draußen verspürst, solltest Du Locations gezielt auswählen. Nicht jeder Swinger Club ist gleichzeitig eine BDSM Location, sodass ein Besuch im Swinger Deiner Stadt für Dich zur großen Enttäuschung mit unerfüllter Lust beim Besuch werden kann.

8.1. Fesselspiele im Ehebett

Es gibt nichts schöneres, als die Leidenschaft mit dem Ehemann oder Partner zu teilen. Du kannst Dich also glücklich schätzen, dass sich euer Schlafzimmer bei Bedarf in einen BDSM Club verwandeln und euch die Leidenschaft der Dominanz und Unterwerfung ausleben lässt. Neben einem entsprechenden Bett, den Spielzeugen und Möglichkeiten für Fesselspiele und weitere Spielarten, solltet ihr im Vorfeld klären, wie weit die neue Leidenschaft in eurem Leben Einfluss hat. Gerade unerfahrene Paare könnten die Grenze zwischen der sexuellen Lust und dem realen Leben schnell überschreiten und die marginale Linie zwischen der sexuellen Dominanz und der Dominanz im Alltag übersehen.

Nur weil Du Dich im Bett von Deinem Ehemann fesseln und Dich seinen Wünschen unterwerfen lässt, wirst Du nicht zu seinem Sklaven und musst nicht befürchten, dass er Dir im Alltag die Butter vom Brot nehmen und Deinen Willen untergraben wird. Natürlich musst Du gerade in der Anfangszeit sehr sensibel sein und Veränderungen in der Persönlichkeit des dominanten Partners beobachten. Auch Du selbst solltest Dich kontrollieren und gelegentliche Reaktionen hinterfragen. Wird BDSM in einer Beziehung gelebt, kann dies durchaus zu Einflüssen auf den Alltag führen. Oftmals ist sich das Paar gar nicht bewusst, dass die sexuelle Rolle in den Alltag übernommen wird und dort immer mehr Raum bekommt. Doch ist dies keine Basis für euren Umgang, den ihr euch als Paar wünscht. Wenn Du bereits auf kleine Anspielungen reagierst und sie nicht übersiehst, könnt ihr eure Leidenschaft in dem Raum belassen, indem er sie ausleben möchtet.

In einem schönen Bett mit stabilem Gestell kommst Du besonders intensiv auf Deine Kosten. Dein Partner kann Dich an Händen und Füssen, aber auch am ganzen Körper fesseln. Soll es nicht das Bett sein, ist eine Liebesschaukel oder auch ein Haken zur Sedierung an der Decke eine Option, die sowohl im Eigenheim, als auch in der Mietwohnung in Frage kommen. Damit sich die Nachbarn durch eure fesselspiele nicht gestört fühlen und etwa Wind von Deiner Neigung bekommen, gehört ein Knebel bei Spielarten im Ehebett zur Grundausrüstung. Die auf Dich nieder sausende Peitsche kann der Nachbar noch nicht deuten. Erklingt aber im Anschluss ein lauter und lustvoller Schrei, wird er sich garantiert seine Gedanken machen und Dich beim nächsten Treffen auf der Straße mit einem eigenartigen Blick bedenken. Deine Lust musst Du nicht außer Haus verlagern. Du kannst sie ganz einfach auf die Spielarten beschränken, die im Ehebett und Schlafzimmer problemlos und ohne eine Mitteilung an die Nachbarn möglich ist. Ob Fesselspiele, ein Fetisch für Lack und Leder, sowie zahlreiche Spielarten zur Dominanz und Hingabe, Dehnspiele und auch härtere Spielarten sind kein Tabu im Ehebett.

Erlaubt ist, was euch gefällt und eure gemeinsame Lust perfektioniert. Da Du Dich für Fesselspiele mit Deinem Partner entschieden und das Ehebett als Ort eurer Lust gewählt hast, ist ein grundlegendes Detail von Vornherein geklärt. Du hast einen Partner, dem Du vertraust und der Dich nie über das gewünschte Spiel hinaus verletzen wird. Du kannst Dich glücklich schätzen. Denn nicht viele Paare leben BDSM und Bondage gemeinsam zu Hause aus.

8.2. BDSM – auch ohne Clubbesuch ein Reiz

Selbst wenn Du Dich im BDSM nicht nur auf Deinen Partner fokussierst und die Lust mit anderen Partnern ausleben willst, ist ein Besuch im Club nicht notwendig. Im Internet wimmelt es nur so von Gleichgesinnten, die genau wie Du die Anonymität eines Hotelzimmers oder die Privatsphäre des eigenen Zuhauses vorziehen und nicht vor den Augen Fremder mit einer Session beginnen möchten. Der Club wird für Dich nur dann interessant, möchtest Du an einem Abend mit verschiedenen Partnern spielen, bevorzugst Du die Öffentlichkeit als Zuschauer und hast keine Lust, die Lust in einem abgeschiedenen Ambiente auszuleben.

Jede Deiner individuellen Neigungen und Vorlieben kannst Du mit Deinem Partner an jedem von Dir gewünschten Ort ausleben. Du suchst die Aufregung und den Kick? Dann sucht euch einen Platz in der Natur und genießt das Bondage und die weiter gewünschte Spielart einfach im Freien. Allerdings muss Dir klar sein, dass Du in der Öffentlichkeit nicht gesehen werden darfst. Auch wenn manche Zuschauer euer Spiel erotisierend und aufregend finden, könnte die Polizei schneller als unerwünschter Zuschauer und Mitspieler auftauchen, als Du Deine Erfüllung erlebt hast.

Diskretion ist nicht nur im Bereich Deiner Person, sondern auch im Bereich der gewünschten Spielorte ein wichtiger Faktor. Sicher ist immer das Hotelzimmer, auch wenn der Portier euch wegen der Kurzzeit-Buchung sicherlich wissend ansieht und vielleicht auch mit einem weniger seriösen Blick bedenkt. Gerade bei Treffen mit fremden Partnern ist es oft sinnvoller, die heimische Wohnung und so die Privatsphäre im Spiel außen vor zu lassen. Kennst Du einen Partner noch nicht, weißt

Du nicht, ob Du ihm auch im privaten Leben vertrauen und ihm einen Einblick in Deine Privatsphäre geben möchtest. Das heißt aber nicht, dass Du auf einen Club zugreifen und diesen als Treffpunkt wählen musst.

Der Reiz von Sessions außerhalb eines Clubs ist so hoch, dass Dir die schwierig zu beschaffende Mitgliedschaft überhaupt keine Sorgen bereiten muss. Du hast richtig gehört. Nur weil Du eine BDSM Neigung entdeckt hast und die Neugier in Dir entfacht wurde, wirst Du nicht umgehend und ohne Probleme in einem Club aufgenommen. Also hast Du die beste Chance auf Deine Kosten zu kommen, wenn Du Dich gar nicht erst auf einen Club fokussierst und Dir lieber die Orte aussuchst, an denen Du hemmungslos spielen und Dich ebenfalls dem Partner Deiner Wahl hingeben kannst. Ob mit dem langjährigen Partner im Ehebett, mit einem fremden Mann in einem Hotelzimmer oder im tiefen Wald, die Möglichkeiten sind so vielseitig und unbegrenzt, dass Du Deine Phantasie ausleben und den Clubbesuch von Deiner Agenda streichen kannst.

Was versprichst Du Dir vom Club? Hast Du diese Frage für Dich geklärt, wirst Du schnell zu dem Schluss gelangen, dass Du alles was Dir ein Club bieten kann, auch außerhalb seiner Mauern erleben kannst. Viele erfahrene BDSM Paare und Bondage Liebhaber betreten keinen Club und geben ihrer Lust im privaten Ambiente Platz. Dies hat nicht nur den Reiz der freien Wahl von Locations und Spielarten, sondern auch der vielen Möglichkeiten für die Du kein Geld bezahlen und eine Mitgliedschaft anstreben musst.

8.3. Heimliche Spielzeuge aus dem Haushalt

Kein Geld für BDSM Spielzeuge oder keine Ahnung, was Du bei den zahlreichen Spielzeugen kaufen sollst? Zerbrich Dir nicht den Kopf. Du hattest bereits Equipment zu Hause, ehe Du Deine Leidenschaft entdeckt und Deiner Neigung Raum gegeben hast. Nun wirst Du Dich sicherlich im Raum umsehen und überlegen, was bitteschön das sein soll und warum Du es noch nicht entdeckt hast. Ich möchte Dir den Hinweis geben, dass Dein Weg Dich sowohl in die Küche, ins Bad oder Wohnzimmer führen und Dir immer nicht nur ein Spielzeug zeigen wird.

In Deinem Haushalt hast Du:

➢ Wäscheklammern
➢ Küchenutensilien wie Kochlöffel oder Pfannenwender aus Holz
➢ Klebeband oder Küchenfolie
➢ Kerzen, Öle und Duschgele

sowie weitere Dinge, die Dir nach und nach mit einer zweiten Bedeutung auffallen werden. Anstelle von Nippelklemmen kannst Du auch Wäscheklammern verwenden und erzielst im BDSM denselben Effekt. Du hast kein Seil für Bondage zur Hand? Wer sagt denn, dass es unbedingt ein Seil sein muss? Ebenso fest und nicht weniger reizvoll ist Klebeband, mit dem Dein Partner Deine Arme und Beine, oder Deinen ganzen Körper fesseln kann. Auch die Frischhaltefolie ist optimal geeignet und führt obendrein noch zu dem Effekt, dass Du bei einer Umwicklung mit dieser Folie den besonderen Reiz des Schwitzens verspüren und sehr fest gefesselt werden kannst. In jedem Haushalt finden sich Kerzen.

Besonders gut bist Du dran, wenn Du weiße Kerzen zu Hause hast. Für Wachsspiele solltest Du nicht auf parfümierte oder farbige Kerzen zugreifen, sondern die schlichten weißen Paraffinkerzen bevorzugen. Diese entwickeln weniger Hitze und verbrennen Deine Haut nicht beim Auftropfen des Wachses. Öle zur Massage und Körperpflege ersetzen ein Gleitgel und eignen sich ebenso für eine Dehnung. Selbst die Peitsche oder Reitgerte kannst Du mit Dingen aus dem Haushalt ersetzen. Der Pfannenwender oder Kochlöffel aus Holz ist ein stabiles und für Lust sorgendes Paddel.

Wie Du siehst, kannst Du mit den Dingen in Deinem Zuhause viele Spielarten probieren und musst nicht einmal im Erotik Shop einkaufen gehen. Hast Du einen Dildo oder Vibratoren, kann Dein Partner Dir im Spiel die größte Freude bereiten und sich ganz auf Deine Wünsche einstellen. Selbst ohne Vibratoren musst Du auf eine Dehnung nicht verzichten. Wir haben über Kerzen gesprochen? Mit einem Augenzwinkern kann ich Dir versichern, dass diese sich in der richtigen Größe und Form ebenfalls eignen und den Plug, Dildo oder Vibratoren ersetzen. Es wird immer Dinge geben, die Du kaufen und so Dein Equipment vergrößern möchtest.

Du bist Du in Deinen Möglichkeiten nicht eingeschränkt, hast Du den Weg zum Einkauf von Spielzeug noch nicht beschritten und möchtest mit Deinem Partner ohne noch länger zu warten, spielen. Besinne Dich auf die Dinge, die Du im eigenen Haus findest und säubere sie so, dass sie für einen Einsatz an Deinem Körper kein Risiko für die Gesundheit bedeuten. Um Verletzungen vorzubeugen und den puren Spaß bei einer BDSM Session mit Haushalts-Equipment zu genießen, solltet ihr langsam üben und keinesfalls zu intensive Spiele wagen.

Du wirst Deine körperliche Reaktion im Eigenversuch oder dem ersten Spiel mit Deinem Partner kennenlernen.

8.4. Damit die Lust fesselnd ist: Erfahrungsbericht für BDSM in der Beziehung

In einer früheren Beziehung konnte ich meine Neigung nicht ausleben und musste mich dem Willen meines Partners fügen, auf BDSM und Fesselspiele zu verzichten. Dass die Beziehung nicht von langer Dauer war, stand ab dem Moment seiner Abneigung zu meiner Leidenschaft außer Frage. Mit meinem neuen Partner klärte ich die Fronten von Anfang an und lief somit gar nicht Gefahr, abgelehnt und mit meiner Lust allein gelassen zu werden. Doch war ich natürlich skeptisch und hatte Angst, dass mein Lippenbekenntnis nach dem ersten Spiel mit meinem Partner dazu führen würde, dass er mich auch im Alltag als devoten Part behandelt und ich meinen eigenen Willen hinten anstellen muss.

Nachdem sich die Angst in mir manifestierte und immer mehr Raum einnahm, sprach ich mit ihm. Er sah mich verwundert an und fragte, wie ich auf diese Idee komme. Irgendwie breitete sich umgehend Erleichterung in mir aus und ich spürte, dass ich mir die Sorgen umsonst gemacht und mein Partner gar nicht die Absicht hatte, mich zu unterwerfen und meinen Willen im Alltag zu untergraben. Doch war ich froh, dass ich diese Angst nicht länger im Geheimen mit mir herumtragen und sie mit mir selbst ausfechten musste. Ich kann jedem nur raten, bei einer BDSM Beziehung die Fronten im Vorfeld zu klären und nicht unwissend Schritt für Schritt in eine 24/7 Beziehung zu gleiten.

Während wir im Bett mit Dominanz und Unterwerfung, mit Sadismus und Masochismus spielen und ich in gefesselter Position seine Leidenschaft und Dominanz genieße, sind wir im

Alltag gleichberechtigte Partner. Nichts erinnert im täglichen Umgang an die Spiele, die sich bei uns hinter verschlossener Tür abspielen und die keinen Einfluss auf unser Leben, unsere Familie und unseren beruflichen Status haben. Da ich als selbständige Unternehmerin im Beruf die Hosen anhabe und mich behaupten muss, würde mir ein devoter Touch nicht so gut stehen und dazu beitragen, dass ich meinen Aufgaben nicht mehr gewachsen wäre. Mein Partner der beruflich in einem Arbeitnehmerverhältnis steht, kann sich dort nicht dominant zeigen und muss seine Neigung ebenfalls hinten anstellen. Für uns ist dies ein ganz normales Leben, eine Beziehung, wie sie viele andere Paare auch führen. Doch haben wir uns im sexuellen Bereich vom Mainstream distanziert und einen Weg gefunden, zwischen dem persönlichen und gleichberechtigten Verhältnis im täglichen Leben, sowie der Neigung im Liebesleben zu unterscheiden. Legt er mich in Seile und lässt mich stundenlang auf Zuwendung jeglicher Art warten, hat dies keinen Einfluss auf den Umgang im Alltag.

Auch würde er nie eine Unzufriedenheit aus dem Alltag in das Spiel einfließen und seine Aktionen und Reaktionen beeinflussen lassen. Durch unsere vertrauensvolle Beziehung haben wir die Chance, unsere Spiele auf Tage zu verteilen, an denen wir entspannt, gut gelaunt und somit offen für die Erfahrungen im grenzwertigen Spektrum sind. Ich kann Dir für eine BDSM Beziehung nur raten, eine strikte Trennung zwischen dem täglichen Umgang und der Rollenverteilung beim Spielen zu schaffen. Anderenfalls würdest Du an Deiner Rolle zerbrechen und Deine ganze Persönlichkeit zu einem wenig vorteilhaften und erfüllenden Auftritt verändern. Theresa M., 38 Jahre

9. Fetisch und BDSM

Mit Deiner BDSM Neigung öffnet sich meist noch ein weiteres Tor. Entweder entwickelst Du, oder aber Du entdeckst einen Fetisch. Meist ist der Fetisch schon vor Deinem Outing im BDSM vorhanden und hat einen kleinen, aber nicht unwichtigen Raum in Deiner Sexualität eingenommen. Fetische können sich auf ganz unterschiedlichen Wegen äußern und können sich auf Kleidung, auf eine Praktik, auf eine Spielart, aber auch auf ein Umfeld und die Umgebung beziehen. Weit verbreitet in der BDSM Szene ist der Fetisch für Lack, Leder und Latex. Auch eine extreme Vorliebe zum Bondage, zum Knebeln oder zu Lovetoys kann ein Fetisch sein und eine wichtige Rolle in Deiner Sexualität spielen.

Um einen Fetisch im BDSM ausleben zu können, muss der Partner die Neigung teilen. Beispielsweise wird Lack und Leder nur begeistern, wenn nicht nur Du dieses Spiel liebst, sondern es bei Deinem Partner für Erregung sorgt und seine Blicke gezielt in Deine Richtung fokussiert. Ein Fetisch ist im BDSM aber kein Muss. Vor allem, da Du gerade erst anfängst und eine Neigung für Dich entdeckt hast, kann die Bekenntnis zu einer bestimmten Vorliebe nicht immer in Worte gefasst werden. Auch solltest Du den Fetisch nicht mit einer reinen Vorstellung verwechseln, die Dich zum Tragen von Lack oder Latex animiert. Am besten erkennst Du, ob Du ein Fetischist bist daran, ob Dich etwas ganz besonders erregt und Deinen Lustgewinn in einer Session steigert.

Ist dies der Fall und geht es Dir mit einem Objekt oder einer Kleidung in einer Session immer so, kannst Du dies als Fetisch werten und Dir sicher sein. Ist ein Fetisch sehr stark ausgeprägt, kann es durchaus passieren, dass Du ohne die Kombination in einer Session gar nicht zum Lustgewinn gleitest und etwas Wichtiges vermisst. Am Beispiel eines Schuh- oder Strumpf Fetischisten kann ich erläutern, was diesen antörnt und wie er damit umgeht. Wer einen Schuhfetisch hat und die Schuhe im Bett ausziehen und sie nicht ins Liebesspiel einbauen kann, wird in der Regel auf einen Lustgewinn und den ersehnten Höhepunkt verzichten müssen. In einem sehr extremen Fall kommt ein Fuß- oder Socken Fetischist nur dann zum Höhepunkt, kann er seinen Fetisch direkt ausleben. Sämtliche Spielarten werden ihm nichts bringen, wenn er seine Lust nicht an den Füßen oder Socken des Partners ausleben und sich so anhand seiner Neigung stimulieren kann.

Außerhalb des BDSM wird ein Fetisch gerne mit einem Lächeln und einer hochgezogenen Augenbraue bedacht. Doch hast Du mit Deiner Neigung eine Sparte der Erotik gewählt, wo auch mit dem Fetisch offen umgegangen und er gezielt ins Liebesspiel einbezogen wird. Du musst keine Ablehnung befürchten oder davon ausgehen, dass Dein Partner Dich für einen Fetisch auslachen oder Dir die Zuneigung verweigern wird. Am schönsten lassen sich Fetischismus und BDSM natürlich vereinen, wenn Du und Dein Partner die gleiche Neigung habt und beispielsweise beide am liebsten in einem Outfit als Latex spielt. Einen Fetisch kannst Du als Detail sehen, welches Abwechslung in euer Spiel bringt und Eintönigkeit oder Langeweile durch Gleichheit und standardisierte Praktiken generell und dauerhaft ausschließen wird.

9.1. Harte Schläge auf weichem Leder

Dein Fetisch ist für Deinen Partner und Dich nicht nur ein optischer, sondern auch ein körperlicher und emotionaler Reiz. Anders als auf der nackten Haut wirst Du die Schläge auf einem Outfit aus Latex oder weichem Leder spüren. Dein Partner benötigt natürlich eine Menge Feingefühl und Erfahrung, um genau den Punkt für Deinen Kick zu erkennen und herauszufinden, welche Änderung er in seiner Praktik durch das Leder oder den Lack auf Deiner Haut vornehmen muss. Dazu ist es wichtig, dass ihr das Material befühlt und euch mit seiner Weichheit, der Faserstruktur und den Besonderheiten vertraut macht. Eine Korsage muss beispielsweise mit Vorsicht bedacht werden, da diese über starre Streben verfügt und in Kombination mit Peitschenhieben zu schmerzhaften Inputs und Verletzungen führen kann.

Für viele Männer gibt es kaum eine erotischere Vorstellung als eine Frau, die in einem kurzen Ledermini und einer hautengen, straff geschnürten Korsage vor ihm steht und ihm ihr Hinterteil zum Empfangen einer Züchtigung hinhält. Laut Umfragen und verschiedener Statistiken steht diese Männerphantasie hoch oben auf der Liste und wird selbst von Männern angegeben, die mit BDSM im realen Leben nichts am Hut haben und sich mit einer Partnerin auf herkömmliche Art sexuell vergnügen. Sei Dir der Wirkung bewusst, die Du in einem Outfit aus Leder auf Deinen Partner hast. Dementsprechend wird sich eine Session besonders emotional gestalten und Du wirst ihm einen Anlass geben, sich sehr intensiv und ausgiebig mit Dir zu beschäftigen. Nachdem ihr gemeinsam das Material geprüft und die Besonderheiten Deines Outfits (dazu gehören auch dicke Nähte, Nieten oder Ösen) gecheckt habt, kann das Spiel beginnen. Du hast Deinen Körper aber nicht nur äußerst verführerisch betont, sondern ihn auch unter einem luftundurchlässigen Stoff zum Schwitzen gebracht.

Auch die Feuchtigkeit auf Deiner Haut wird die Intensität der Schläge erhöhen und wird Dich ein Gefühl der Ohnmacht spüren lassen. Es ist durchaus ratsam, dass Dein Partner langsam mit dem Spiel beginnt und sich erst steigert, wenn Dir die Wirkung des Materials auf Deiner Haut bewusst ist. Während ein weicher Stoff die Peitschenhiebe dämmen und sie minder stark auf Deinen Körper prallen lassen würde, ändert sich durch die Kleidung aus Leder, Lack oder Latex die Wirkung in eine andere Richtung. Vor allem Leder kann einen Schlag nicht nur viel stärker, sondern auch mit einem viel lauteren Geräusch auf Dich auftreffen lassen. Dies erhöht den Reiz im Spiel und ist einer der Gründe, warum Leder besonders beliebt ist und nicht nur optisch, sondern vor allem durch seine Eigenschaften in Kombination mit Schlägen beim BDSM bevorzugt wird.

Du kannst davon ausgehen, dass Du Dein Gewand während der Session anbehältst und nicht in die Versuchung gebracht wirst, Dich Deines Outfits zu entledigen. Daher sollte Dir Dein erotischer Look passen und nicht zu eng, aber auch nicht zu locker sitzen. Eine gewisse Enge unterstützt Deine Empfindungen und wirkt sich wie ein leichtes Bondage auf Deinen Körper aus. Doch kann ein über dem Körper spannendes Outfit die Session frühzeitig beenden und bei Dir zu hohem Unwohlsein, zu Schwindelgefühlen und sogar zu Panik führen.

9.2. Fetisch oder Vorliebe?

Dich über die Richtigkeit einer Entscheidung in Kenntnis setzt. Ein Fetisch hingegen ist eine Notwendigkeit. Bist Du Fetischist, wirst Du im Liebesspiel nicht auf Deinen Fetisch verzichten können und musst ihn einbauen, um auf Touren zu kommen.

Lass es mich einfach erklären und dabei bei den Spagetti bleiben. Wenn Du im Restaurant sitzt und Spagetti wünschst, wirst Du nach der Information des Kellners, dass diese derzeit nicht da sind, nicht aufstehen und gehen. Du wirst auf andere Nudeln umsteigen und Dir am Ende denken, Nudel ist Nudel. Wenn Du aber einen Fetisch für Latex hast, wirst Du in einem Gewand aus Seite keine Lustgefühle entwickeln und auf die Session in diesem Outfit getrost verzichten können. Ein Fetisch fordert von Deinem Körper eine Handlung und ist ein Detail, dem Du folgen und Dir so einen Wunsch, nein, eher eine Notwendigkeit erfüllen wirst. Es gibt für Dich keinen Ausweichen und keine Option, um den Fetisch zu umgehen und dabei dieselben Emotionen zu empfinden, wie Du sie im gewünschten Outfit gehabt hättest. Ein Fetisch kann sich für Dich zu einem liebgewonnenen und niemand störenden Zwang entwickeln.

Er begleitet Dich, kann für andere unsichtbar oder gut erkennbar sein und gehört zu Dir. Die Vorliebe hingegen, die änderst Du in Deinem Leben mehrfach und wirst sie nie dauerhaft haben. Damit ein Fetisch für Dich nicht zur Beeinträchtigung wird, solltest Du ihm einen strikten Raum in Deinem Lebensbereich zuweisen. Dies gilt nicht nur für Fetische mit ausschließlich sexueller Orientierung, sondern auch für einen Fetisch in Deiner Kleidung. Lack und Leder mag auf einer

Party oder einem Event, sowie bei der Session mit Deinem Partner eine ideale Bekleidung sein. Im Büro oder beim Einkaufen solltest Du den Fetisch allerdings zu Hause lassen und Dich so nicht in den Mittelpunkt von Kritikern und selbst ernannten Moralaposteln stellen. Da es viele sehr individuelle Fetische gibt, weißt Du nie, welche Neigung Deine Mitmenschen haben. Dein Chef oder Nachbar kann beispielsweise einen Fetisch für getragene Unterwäsche haben. Doch würde er sich nie dazu bekennen oder seine Leidenschaft gar in der Öffentlichkeit ausleben.

Mit einem Fetisch solltest Du immer diskret umgehen und Dir vor Augen halten, dass es eine sehr persönliche und private Neigung von Dir ist. Anders verhält es sich bei einer Vorliebe, die Du vor der Öffentlichkeit nur bedingt verbergen musst. Natürlich gehören sexuelle Vorlieben ebenfalls nicht in die Öffentlichkeit, während die oben erwähnten Spagetti keinen Grund zur Beunruhigung geben müssen. Zwischen einem Fetisch und einer Neigung zu unterscheiden ist zwar nicht immer ganz einfach. Doch wirst Du schnell lernen, eine dringende Notwendigkeit in bestimmten Dingen zu erkennen und diese als Fetisch anzuerkennen.

9.3. Fetisch Equipment in der Session

Durch Fetisch Equipment kannst Du den Reiz einer Session erhöhen und in eine ganz neue Rolle schlüpfen. Praktisch verbindest Du die beiden Rollen zu einer Person und bist nicht nur der passive oder aktive Part, sondern der passive oder aktive Part mit einem Fetisch. Da Dein Fetisch für Dich eine Bereicherung beim Lustgewinn ist und Dich so richtig auf Touren bringt, wäre es wenig dienlich und gar nicht sinnvoll, ihn aus der Session auszusparen. Jede Form eines Fetisch lässt sich in der BDSM Session einbauen und so zu Deinen Gunsten integrieren, dass Deine Lust durch die doppelte Rolle keine Grenzen kennen und sich in ungeahnter Intensität zeigen wird.

Besonders erotisch für jede BDSM Session ist ein Fetisch, der die Emotionen nicht nur bei Dir, sondern auch bei Deinem Partner verstärkt. Beispielsweise wird deine Neigung zu Lack und Leder ein Detail sein, welches der Session eine ganz neue Wendung gibt. Dabei erlebst nicht nur Du, sondern auch Dein Partner das Neue. Auch wenn Du einen erfahrenen Partner hast und dieser schon mehr als einmal die Peitsche über den Körper einer Frau geschwungen hat, wird er den Unterschied zwischen der nackten Verführung Deiner Haut, und der lasziven Verpackung Deines Körpers zu schätzen wissen.

Er muss Schläge anders führen, Du wirst Berührungen anders empfinden. Der Lustgewinn wird sich für euch beide steigern und neue Erfahrungen sammeln lassen. Doch nicht nur bei Lack und Leder, sondern beim Fetisch mit verschiedenen Gegenständen und Dingen die für Dich interessant und erotisierend sind, wird eine Session zu etwas ganz Besonderem. Viele erfahrene und langjährige BDSM Liebhaber haben einen Fetisch und können sich gar nicht vorstellen, ihn in einer Session nicht als bedeutsames Element einfließen zu lassen. Dildos und Vibratoren, Plugs oder Knebel, aber auch die Augenbinde oder ein hauteng geschnürtes und zur Atemkontrolle genutztes Korsett sind Dinge, die für neue Impressionen sorgen und sowohl Dich, als auch Deinen Partner zum Gipfel der Lust führen.

Damit das Fetisch Equipment zur Session passt und nicht zu einem Hindernis wird, sollte es auf die Spielart angepasst gewählt werden. Anhand der vielseitigen Spielarten mit ganz unterschiedlichen Möglichkeiten ist es nicht schwer eine Art zum Spiel zu finden, in der das Equipment die Lust steigert und optimalen Einsatz finden kann. Wenn Dein Partner Deinen Fetisch nicht teilt wird es schwer, ihn von der Übernahme des Equipment in eine Session zu überzeugen. Am besten erklärst Du ihm Deinen Reiz und sagst ihm, welche Bedeutung das gewählte Spielzeug, die Bekleidung oder ein Detail Deines Fetischs für Dich hat. Er wird erkennen, dass er Deine Lust noch mehr steigern und besser kontrollieren kann, lässt er sich auf das Spiel ein und verschafft Dir einen Moment, den Du nie vergessen und in Ehren halten wirst.

Das größte Problem besteht meist mit einem Outfit, welches Dein Fetisch ist. Viele Partner bevorzugen die nackte Unterwerfung und kommen auf Touren, wenn Du Deinen Körper unverhüllt präsentierst. Erklärst Du aber, dass die Peitschenhiebe auf dem Korsett Dich besonders reizen, wird Dein Partner Dir diesen Wunsch nicht verwehren und ihn akzeptieren.

9.4. Der Fetisch – eine Rolle mit Reiz und purer Erotik

Von der Gesellschaft wird ein Fetisch meist mit einem auffallenden Äußeren und spezieller Kleidung in Verbindung gebracht. Doch der Fetisch ist mehr. In dem Moment, in dem Du ihn auslebst, begibst Du Dich in eine für Dich maßgeschneiderte Rolle und verwandelst Dich in eine zweite Person. Du bist nicht multipel, Du weißt nur den Reiz des Besonderen zu schätzen und steigerst Deine Emotionalität durch den Fetisch. Was die Gesellschaft nicht weiß und Dir nie ansehen wird ist ein Fetisch, den Du hinter verschlossener Tür auslebst und der nur in Deiner Erotik zur Anwendung kommt. Dies können Füße oder Turnschuhe, aber auch Liebeskugeln oder die Erfahrung mit großen Dildos sein.

Ein weiteres Merkmal beim Fetisch ist der Aspekt, dass es eine Vielfalt an Fetischen gibt. Es reicht also nicht, Dich einfach mit einem Fetischisten zu verabreden und davon auszugehen, dass ihr euren Fetisch gemeinsam ausleben könnt. Steht er auf Latex und Du auf riechende Socken, kann eine Gemeinsamkeit der Fetische gänzlich ausgeschlossen werden. Der Reiz Deiner Erotik begründet sich darin, ein passendes Pendant zu Deinem Fetisch zu finden und so die Leidenschaft zu spüren, die sich durch die Gemeinsamkeit ergibt. Natürlich ist es ebenfalls wichtig, dass Ihr die Rollenverteilung besprecht und Du nicht einfach nur einen Gleichgesinnten, sondern wirklich ein Pendant zu Deiner Neigung findest. Ganz einfach ist die Partnersuche im BDSM, wenn Du Deinen Fetisch über die Kleidung definierst. Nicht nur Du, sondern auch Dein Partner mag ein enges Outfit als Latex auf seiner Haut?

Dann harmoniert ihr perfekt und er wird es genießen, Deinen Körper in der zweiten Haut zu betrachten und seine Dominanz an Dir auszuleben. Für Dich erhöht sich der Reiz, da Dein Partner in seinem Latex Kostüm viel maskuliner und herrischer wirkt, was Deine Unterwerfung begünstigt und Dich in eine sehr devote und vermehrt masochistische Richtung lenkt. Generell ist ein Fetisch immer eine Bereicherung und vergrößert Deinen Spielraum im BDSM. Um einen Fetisch wirklich zu genießen, solltest Du ihm einen festen Raum in Deinem Leben geben. Am besten ist hierfür ein Rahmen, den Du nicht überschreitest.

Wenn Du gerne Lack oder Leder trägst und dies nicht nur für eine Session, sondern auch im Alltag machst, kann dies die Reizminderung in der Session bedeuten. Das Outfit wäre für Dich nichts Außergewöhnliches und Besonderes mehr. Es wäre eine Kleidung, genau wie es Dein Business Outfit im Büro ist. Trägst Du es aber nur zu besonderen Anlässen und spürst bereits beim Ankleiden das Prickeln auf Deinem Körper, wird es für eine Session ideal sein und wird Deine Lust in ganz neue Dimensionen lenken.

Dem Reiz eines Fetischs solltest Du Dich nicht entziehen. Hast Du eine Rolle für Dich gefunden, baue sie in Dein Leben ein und sichere Dir die Momente, die Dir ohne den Fetisch verwehrt bleiben würden. Du musst Dich für Deine Leidenschaft und den Fetischismus nicht schämen. Hast Du einen gleichgesinnten Partner, weiß er Deinen Fetisch zu schätzen. Anderenfalls suchst Du einen Partner, mit dem Du diesen Bereich Deiner Lust teilen und Dich im Rollenspiel ausleben kannst.

10. SM oder BDSM, wo liegt der Unterschied?

Diese Frage hast Du Dir sicherlich nicht nur einmal gespielt. Für den Laien gilt SM häufig als die besondere Härte im Ausleben der Leidenschaft, während BDSM nicht selten als abgeschwächte und weniger harte Praktik angesehen wird. Doch dieser Gedanke ist weit gefehlt und nicht annähernd an die Bedeutung von SM und BDSM angelehnt. Wie Du bei der Betrachtung beider Abkürzungen erkennen kannst, ist die Begrifflichkeit SM in der Abkürzung BDSM enthalten. Was möchte ich Dir damit sagen? Ganz einfach. SM ist nur ein kleiner Bestandteil des BDSM und umfasst lediglich den Sadismus und Masochismus. BDSM selbst beinhaltet nicht nur SM, sondern auch Bondage, Disziplinierung und weitere Aspekte rund um die harte Gangart.

Möchtest Du Dich in Deinem Spiel nicht in eine Sparte drängen und einordnen lassen, solltest Du die Vielfalt des BDSM genießen und Dich nicht nur auf SM fokussieren. Denn wenn Du nur SM leben möchtest, gehören Bondage und Discipline nicht zu Deinen Spielarten und Du beraubst Dich eines breiten Spektrums, welches Dir im BDSM offensteht. Ich möchte Dich noch einmal gezielt darauf hinweisen, dass BDSM und SM sich nicht in der Härte der Gangart unterscheiden. Du verzichtet im BDSM nicht auf Schläge mit der Peitsche oder mit der Reitgerte, die Du nur im SM erhalten würdest. Umgekehrt verzichtest Du mit einer Entscheidung für SM aber auf eine Vielfalt an Ideen und Spielen, die unter die Rubrik in Vollständigkeit, also in den BDSM Bereich fallen. Wie sich die falsche Beurteilung der Begriffe in den Köpfen festgesetzt hat, ist heute nicht mehr nachvollziehbar. Weder bei BDSM noch bei SM handelt es sich um neue Begriffe, die erst kürzlich den

Weg in die Gesellschaft gefunden haben. Bekannt ist aber, das SM viel häufiger im Sprachgebrauch genutzt wird und auch den Menschen bekannt ist, die mit der Szene oder den Spielarten gar nichts am Hut haben und lediglich den Namen und eine vage Bedeutung kennen.

Der Vollständigkeit halber solltest Du nicht von SM, sondern wirklich von BDSM als Neigung und Leidenschaft sprechen. So beraubst Du Dich nicht der Vielfalt in den Spielarten, sondern kannst Deinem Gegenüber auch erklären, warum Du Dich nicht einschränkst und nur auf einen minimalen Teil einer Neigung und Leidenschaft festlegen willst. Wenn Du Dich zum BDSM bekennst, wirst Du Dir alle Wege offenhalten und kannst die zahlreichen Facetten für Dich wählen. Du hast alle Möglichkeiten und kannst die Leidenschaft in dem Maße ausleben, wie es Dir beliebt und für Dich von wichtiger Bedeutung ist. Lerne, SM als Teil des BDSM zu betrachten und finde heraus, wie sehr sich Deine Möglichkeiten steigern und wie viele Optionen Du durch die ausbleibende Einengung Deiner Phantasie hast. Fremden musst Du den Unterschied nicht erläutern und auf Verständnis hoffen. Unterhalte Dich über Deine Neigung nur mit Menschen, bei denen Du Dir des Verständnisses sicher bist und so ausschließen kannst, in nickende Gesichter zu schauen und am Ende doch verurteilt zu werden. Der Unterschied für Dich ist die Vervielfältigung Deiner Möglichkeiten und Deiner Spielarten, die alle unter dem Deckmantel des BDSM von Bedeutung sind.

11. Wechselnde Partner, Reiz und abwechslungsreiche Erfahrungen

Jeder neue Partner bringt eine neue Erfahrung für Dich und trägt dazu bei, dass Dein Liebesleben interessant und abwechslungsreich ist. Gerade im BDSM ist es weit verbreitet, Sessions nicht nur mit einem Partner zu erleben und sich so viele verschiedene Erlebnisse wie möglich zu verschaffen. Da der Reiz nicht von der Hand zu weisen ist und den Lustgewinn erhöht, wirst Du früher oder später ebenfalls vor der Entscheidung stehen, Dich für ein Spiel mit einem fremden Partner zu entscheiden. Selbst in langjährigen Beziehungen ist es nicht ungewöhnlich, dass eine Session gelegentlich mit einem neuen Partner erlebt wird. Die BDSM Szene ist generell so offen, dass Du Dich für Deine Phantasie nicht schämen oder Deinen Ruf in Gefahr sehen musst.

Anders als es beim normalen Fremdgehen in einer Beziehung der Fall ist, gehört beim BDSM mit wechselnden Partnern aber mehr als nur ein erotisches Knistern dazu. Du wirst auf Deinen Wegen viele passende Partner für Deine Lust finden und hast die freie Wahl. Es ist kein schneller Sex, den Du mit einem Partner wünschst. Es ist die Hingabe, die Lust auf Dominanz und Deine Unterwerfung. Nur wenn Du einem Partner vertraust und auf Dein Bauchgefühl hörst, wird die Session zufriedenstellend und ein schönes Erlebnis für Dich sein. Begnügst Du Dich hingegen nur mit einem Partner, kann sich trotz der vielen BDSM Spielarten über kurz oder lang eine Phase von Langeweile einstellen.

Die Spielarten bleiben auch mit wechselnden Partnern dieselben. Doch ändern sich Deine Emotionen und die Praktiken, mit denen der jeweilige Partner auf Dich und Deine Wünsche eingeht. Wenn Du die Abwechslung liebst, wirst Du wechselnde Partner in Deinen BDSM Spielen bevorzugen und wirst Dir den Reiz des Unbekannten nicht entgehen lassen. Du kannst die passenden Partner im Club, auf BDSM Events oder auch im Internet kennenlernen und Dich mit ihnen für ein Spiel treffen. In diesem Fall sollte Dir klar sein, dass sich die Emotionen auf der BDSM Ebene bewegen und nicht mit einem Gedanken an eine Beziehung einhergehen. Wenn Du selbst nur auf der Suche nach der Abwechslung und dem ultimativen Kick bist, wird Dich dieses Denken faszinieren.

Doch ist nicht auszuschließen, dass Du Dich während dem Spiel in einen Partner verliebst. Du musst unbedingt für klare Fronten sorgen und immer wissen woran Du bist. Ebenso musst Du Deinen Partner über Dich und Deine Emotionen, sowie Deine Wünsche und Bedürfnisse informieren. Vertrauen kann mit wechselnden Partnern nur dann entstehen, wenn Du offen bist und wichtige Informationen detailliert vermittelst.

Sei Dir darüber im Klaren, dass es um eine körperliche Erfahrung geht. Egal wie liebevoll ein Partner während der Session mit Dir umgeht und welche Lust er Dir beschert, er spielt, ebenso wie Du, eine Rolle. Um in der Abwechslung Deine Freude zu finden und den variablen Reiz zu spüren, musst Du zwar mit dem Kopf, nicht aber mit dem Herzen bei der Sache sein. Vor Herzschmerz bist Du auch im BDSM nicht gefeit und schützt Dich nur davor, in dem Du klare Grenzen steckst und ehrlich mit Partnern umgehst.

11.1. BDSM mit Fremden

Die Feuchtigkeit in Deinem Schritt, sowie das Prickeln auf Deiner Haut sind die besten Indikatoren dafür, dass Du mit einem Menschen spielen möchtest. Ob er Deine Neigung teilt und sich auf erotischer Ebene ebenso zu Dir hingezogen fühlt wie Du zu ihm, musst Du in Erfahrung bringen. Ich möchte Dir noch einmal sagen, dass es beim BDSM keine stillschweigende Übereinkunft gibt. Diese gibt es nicht einmal mit einem festen Partner und schon gar nicht mit Fremden, die sich in Deiner Phantasie Deines Körpers bemächtigen und ihn zeichnen sollen. Sprich Deinen Traumpartner an und lege ihm offen dar, was Du von Ihm erwartest und welche Rolle er für Dich spielt.

Einem Fremden kannst Du von Grund auf erst einmal gar nicht vertrauen. Wieso nicht? Du weißt nicht, was er möchte, wie er die Neigung auslebt und welche Vorstellungen er von einer Session hat. Doch soll er ja der Fremde bleiben, der Deine Lust auf den Höhepunkt treibt und der Dir ein bisher unbekanntes Gefühl verschafft. Nun fragst Du Dich sicher, wie das funktionieren soll. Sei beruhigt, auch wenn ihr alle Details vor einer Session klärt und offen über die Praktiken, die Spielarten und eure Wünsche sprecht, wird er immer noch ein körperlich Fremder für Dich sein. Du wirst den Reiz nach wie vor verspüren und kannst Dir die Sicherheit die notwendig ist, daher problemlos in einem Vorgespräch verschaffen.

Hier musst Du Dir vor Augen halten, dass Du eine körperliche Erfahrung machen möchtest. Vergleiche es mit Deinem Leben vor dem BDSM und überlege, ob ein Abend im Restaurant oder Kino den Reiz für Dich gemindert oder erhöht haben. Jedes erste Mal mit einem neuen Partner ist fremd und ist eine Erfahrung, die für Dich positive oder negative Impressionen beinhalten kann. Doch gilt es bei einer Session, die negativen Impressionen auszuschließen und Dich auf positive Resonanzen zu fokussieren. Ohne das Vertrauen und eine gewisse Kenntnis über den Partner, seine Erfahrung und seine Vorlieben, kannst Du kein Spiel beginnen und würdest Dich enormen Risiken aussetzen.

Sobald er Deinen Körper berührt, wirst Du auch nach dem Gespräch den Reiz des Neuen spüren und einen fremden Partner in Deiner Nähe erkennen. Dabei hast Du aber die Sicherheit, dass er Deine Grenzen kennt und genau weiß, wie weit er bei Dir gehen und in welchen Spektren er mit Dir umgehen darf. BDSM mit Fremden kann nicht nur eine sehr schöne und außergewöhnliche Erfahrung sein. Ein positives Erlebnis kann Dich richtig süchtig nach mehr Abwechslung und Erfahrungen machen und Dich dazu animieren, Deine Partner häufiger zu wechseln und Dich dem Leben in Deiner BDSM Rolle zu verschreiben.

Nicht nur als Single, sondern auch in einer Partnerschaft ist BDSM mit Fremden nicht ausgeschlossen. Spielt Dein Partner nicht nach Deinen Wünschen mit Dir, wirst Du darin sogar die einzige Chance auf die Erfüllung Deiner Lust sehen. Aber auch ein Erlebnis mit Deinem Partner und einem Fremden gemeinsam ist ein Detail, welches in seiner Wirkung nicht zu unterschätzen ist. Der vertrauensvolle Fremde zeigt Dir eine neue, für Dich noch unbekannte Welt.

11.2. Nicht nur zu zweit spielen

Bei Männern ist die Phantasie zum Sex mit mehr als nur einer Frau bekannt. Doch auch Frauen hegen diesen Traum und können sich vorstellen, von zwei Männern zur selben Zeit genommen zu werden. Wenn Dich diese Phantasie erregt und Du Dir eine Session mit mehr als nur einem Partner wünscht, kannst Du diesen Aspekt im BDSM besonders intensiv ausleben. Dabei gibt es verschiedene Möglichkeiten und Spielarten, diverse Optionen und Konstellationen der Geschlechter. Ob Du Dich von einem Mann mit der Peitsche schlagen und Dich gleichzeitig von einer Frau verwöhnen, oder ob Du die Gier zweier Männer spüren und Dich so der Leidenschaft hingeben willst, hängt allein von Deinen eigenen Wünschen und Vorstellungen zum Sex und dem BDSM ab.

Ich kann Dir versichern, dass eine Session mit zwei Männern besonders reizvoll ist und sowohl Deine Gier auf den männlichen Körper, als auch Deine Lust auf die Schläge, eine Unterwerfung oder Züchtigung befriedigt. Möchtest Du neben der männlichen Dominanz eine weibliche Person an Deiner Seite spüren, ist auch diese Konstellation sehr reizvoll und eine Möglichkeit für Dich, sowohl heißen Sex, als auch die Freuden des BDSM auf eine ganz neue Art kennenzulernen. Eifersucht darf beim Wunsch nach einer Session mit mehr als einem Partner keine Rolle spielen. Vor allem, wenn Du der devote Part bist und Dich den Wünschen der Partner aussetzen musst, solltest Du Dich auf ein Spiel der beiden untereinander, sowie Deine Geduld beim Zusehen einstellen.

Wie auch im Spiel zu zweit, ist die Klärung der Wünsche und eurer Fronten vor einem Spiel mit mehreren Partnern wichtig. Hier musst Du genau erwähnen, was Du Dir wünscht und vor allem, in welchem Maße jeder der Partner sich an Deinem Körper ausleben darf. Du kannst Dich durchaus für einen Partner zum Sex entscheiden, wobei Dich ein anderer Partner nur im BDSM Spiel berühren, aber keinen Sex mit Dir haben darf. Vergiss dabei nie, dass Du auch als devoter und unterwürfiger Part den eigentlichen Ton angibst und allein über Deinen Körper und die Handlungen an Dir bestimmst.

Auch hier ist das Safeword mit von der Partie und wird in dem Moment ein Spiel beenden, in dem Du Dich nicht mehr wohlfühlst oder mit einer Handlung an Deinem Körper nicht einverstanden bist. Als Newbie solltest Du Dich beim Wunsch nach mehr als nur einem Partner nicht einer Praktik aussetzen, bei der Du von zwei Partnern gleichzeitig gezüchtigt und dominiert wirst. Besondere Lust kannst Du Dir verschaffen, in dem Du einen Partner für Deine Unterwerfung, den zweiten Partner für das Stillen Deiner erotischen Gier verantwortlich machst und so die sexuelle Leidenschaft, als auch die Unterwerfung in vollen Zügen genießen und in Kombination noch schöner als bisher erleben kannst.

Gehe immer davon aus, dass Du mit einem eingespielten Team mehr Freude hast. Es kann also durchaus ratsam sein, Dich nicht für zwei vollkommen sich fremde Partner zu entscheiden. Wählst Du ein Paar, können die beiden aufgrund ihrer Erfahrung miteinander viel besser auf Dich eingehen und werden ihren Fokus darauf legen, Deine Wünsche ohne Grenzen zu erfüllen.

11.3. Die eigene Lust – ein fremder Partner, was sollte man beachten?

Du hast zwar noch nicht viel Erfahrung, aber Deine eigene Lust kennst Du. Du weißt genau, was Du von einer Session erwartest und was Du spüren möchtest. Doch Dein Partner weiß es nicht. Beim BDSM mit einem Fremden darfst Du nicht davon ausgehen, dass Dein Gegenüber Deine Wünsche erahnt oder gar kennt. Auch wenn ihr dieselbe Neigung habt und euch bereits über die ein oder andere Spielart unterhalten habt, kennt er weder Deine Grenzen, noch Deinen Körper oder Deine Emotionen. So groß der Reiz auch ist, einer Session muss ein ausgiebiges Gespräch vorangehen und die Grundlage sein, Vertrauen zu diesem fremden und für Dich so reizvollen Partner aufzubauen.

Stell Dir zuerst die Frage, warum Deine Auswahl genau auf ihn gefallen ist. Was projizierst Du in Dein Gegenüber, welche Erwartungen stellst Du an ihn? Wenn Du diese Fragen stellst und sie für Dich beantworten kannst, musst Du Deinen Partner damit konfrontieren. Er weiß nicht, welche Erwartungen Du an ein Spiel mit ihm hast und kann somit nicht so handeln, wie Du es Dir vielleicht wünscht. Während sich die Risiken bei eingespielten Paaren aufgrund von Erfahrung und der Kenntnis zum Körper und dem Emotionen des Partners mindern, gehst Du mit einem neuen Partner immer ein gesteigertes Risiko ein.

Das heißt nicht, dass Du auf BDSM mit einem Fremden verzichten sollst. Vielmehr heißt das, dass ihr eine gemeinsame Ebene finden und diese klar definieren müsst. Benenne ihm Deine Wünsche, Deine Grenzen und die Dinge, die für Dich außer Frage stehen und die Du nicht möchtest. Um die Befriedigung der eigenen Lust durch einen fremden Partner als unvergessliches und sehr schönes Erlebnis zu gestalten, musst Du ihn mit Deiner Lust vertraut machen und ihm die Gelegenheit geben, Deinen Körper zu erforschen. Ehe ihr eine Session beginnt und euch der harten Spielart widmet, sollte er die Chance zur Berührung Deines Körpers erhalten und Dich kennenlernen. Du musst ihm nur verraten, was er für die Session wissen muss und ebenso brauchst Du nur zu erfragen, was für Dich von Bewandtnis ist.

Alle Dinge die nichts mit eurem erotischen Spiel zu tun haben und zu viel Privatsphäre bedeuten würden, kannst Du aussparen und musst ihnen keine große Bedeutung beimessen. Willst Du diesen Fremden nicht als Partner für eine Beziehung, sondern nur als Spielpartner für eine Session, solltest Du diesen Punkt auf jeden Fall im Vorfeld klären. Um Missverständnissen auf allen Ebenen vorzubeugen und eine eigene Enttäuschung, oder aber die Enttäuschung des Partners auszuschließen, sind klare Fronten für ein Spiel mit der Lust und der Leidenschaft von wichtiger Bedeutung.

Gerade bei einem fremden Partner steht Deine eigene Lust ganz klar im Vordergrund. Auch wenn Du an dieser das größte Interesse zeigst, solltest Du seine Bedürfnisse nicht gänzlich aussparen oder sogar erwähnen, dass sie Dich nicht interessieren. Für die Zeit des Spiels seid ihr ein Team, auch wenn ihr nach einer Session wieder getrennte Wege geht und euch vielleicht nie mehr im Leben trefft. Schaffe Klarheit, Vertrauen und erkenne, ob Dein Vertrauen in den Fremden groß genug ist.

11.4. Vertrauen ist die Mutter des BDSM

Auch wenn Du den Begriff Vertrauen bald nicht mehr hören kannst und Dir seiner Wichtigkeit im BDSM bewusst bist, kann ich nicht genug auf diese wichtige Basis zwischen Dir und Deinem Partner eingehen. Ohne Vertrauen ist eine Session das größte Risiko, was Du auf erotischer Ebene eingehen kannst.

Noch häufiger als die Ansteckung mit einer Geschlechtskrankheit ist die Tatsache, dass mangelndes Vertrauen zu einem emotionalen Absturz und zu Narben auf Deiner Seele führen. Ebenso darfst Du körperliche Risiken zur Verletzung nicht unterschätzen und keinesfalls davon ausgehen, dass Dir so etwas nicht passiert. Wer so denkt, wird an einer Session keine Freude haben und schnell erkennen, dass jegliche Harmonie im Spiel mit dem Partner nicht vorhanden ist.

Wie erkennst Du, ob Du einem Partner vertrauen kannst und ob das Vertrauen ausreicht, um mit ihm ein Spiel zu wagen? Trotz aller gewechselten Worte, der Klärung zu Praktiken und der Festlegung eines Safeword ist nicht Dein rationales, sondern Dein emotionales Denken der Entscheidungsträger im BDSM. Die Partnerwahl triffst Du in erster Linie nach der optischen Ausstrahlung und dem Reiz, den Dein Gegenüber auf Dich auswirkt. In zweiter Linie achtest Du auf die Übereinstimmung der Neigung und bringst im Gespräch in Erfahrung, ob der gewählte Partner Deine Wünsche erfüllen, Deine Grenzen achten und für Dein Wohlbefinden sorgen wird. Das war der rationale Teil. Nun kommt aber der wichtigste Aspekt, ehe Du Dich überhaupt auf eine Session einlassen kannst. Dein Bauchgefühl trügt Dich nicht und wird Dir auch im Bezug auf einen Spielpartner suggerieren, ob er Dein Vertrauen verdient und ob Du Dich ihm hingeben solltest. Nur ein kleiner Funke von Unklarheit oder einem schlechten Gefühl sollten für Dich als Anlass genommen werden, auf eine BDSM Session zu verzichten.

Wenn Du schon vor dem eigentlichen Spiel unsicher bist und in irgendeinem Punkt ein Problem siehst, sollte es gar nicht weiter gehen und in dem Moment beendet werden. Auch wenn Dein Gegenüber dafür kein oder nur bedingtes Verständnis aufbringt, darfst Du nicht nachgeben und Dich auf einen Partner einlassen, bei dem Dein Bauchgefühl Dich warnt und sich nicht irren wird. Als Newbie musst Du besonders aufmerksam sein und Deinem Körper, sowie Deiner Seele die letzte Entscheidung überlassen. Erfahrene BDSMler können einen Partner schnell abchecken und merken zeitnah, ob sich das Vertrauen einstellt oder der Partner nicht den eigenen Bedingungen und Grundlagen für ein Spiel entspricht. Ein Fehler wäre es, Dein Bauchgefühl zu verdrängen und Dich allein auf die Worte Deines Gegenüber zu verlassen.

Vor allem in Bezug auf BDSM mit einem Fremden weißt Du nie, wie viel Wahrheit in den Worten steckt und ob Dein Gegenüber nur sagt, was Du hören willst. Vertraust Du und fühlst Dich in der Gegenwart eines potenziellen Partners sicher und gut aufgehoben, kannst Du diesem Gefühl trauen und Dich auf ein Spiel mit ihm einlassen. Auch wenn Du im Gespräch einige Punkte mehrfach wiederholst, für einen erfahrenen BDSMler eher eigenartige Fragen stellst oder Deiner Unschlüssigkeit Ausdruck verleihst, wird ein Partner dem Du vertrauen kannst, genau diese Ausstrahlung auf Deine Sensoren ausüben.

11.5. Homosexueller BDSM

Du hast noch nie im Leben eine homosexuelle Erfahrung gemacht und Dir in der normalen Liebe auch nicht vorstellen können, dass ein gleichgeschlechtiger Partner einen Reiz auf Dich ausübt? Das muss Dich nicht irritieren oder gar ängstigen. In dem Moment in dem Du Deine Neigung zum BDSM erkennst und Dich dazu bekennen möchtest, können ganz neue Phantasien Deinen Geist beflügeln und für Dich anfangs ebenso befremdlich sein wie die Neigung, die Du bisher auch nicht wirklich erkannt hast. Träumst Du als Frau von einer Domina und kannst Dir die Unterwerfung vor einer Herrin viel besser vorstellen als vor einem männlichen Meister, solltest Du diesen Wunsch nicht verdrängen und Dich mit dem Gedanken an eine homosexuelle Erfahrung unter Druck setzen.

Es ist gar keine Seltenheit, dass Du im täglichen Leben oder auch beim Sex auf einen andersgeschlechtigen Partner, im BDSM aber auf einen gleichgeschlechtigen Partner stehst. Dabei spielt Deine Phantasie eine übergeordnete Rolle. Erregt Dich eine wohlproportionierte Frau in einem Korsett aus Lack oder Leder, kann dies ein Anzeichen für eine Vorliebe zur Homosexualität im BDSM sein. Du solltest dieser Phantasie Raum geben und Dich nicht schämen, dass Deine sexuelle Ausrichtung sich geändert hat. Vor allem ist es häufig der Fall, dass Du Dir eigentlichen Sex trotzdem nur mit einem Partner des anderen Geschlechts vorstellen kannst und bei der gleichgeschlechtigen Rolle nur die Dominanz, nicht aber sexuelle Handlungen an Deinem Körper wünscht.

Was es damit auf sich hat? Dies kann in Deiner Psyche begründet liegen und darauf resultieren, dass Du einem gleichgeschlechtigen Partner am ehesten eine Kenntnis über Deine

Wünsche und Bedürfnisse zutraust. Als Frau gehst Du davon aus, dass eine weibliche Spielpartnerin Dir mit mehr Sanftheit begegnet. Als Mann hingegen kann es Dein Wunsch sein, von einem starken Kerl dominiert zu werden und die Unterwerfung nur zu genießen, wird diese nicht vom schwachen Geschlecht gewünscht. Die Gründe sind vielseitig und würden einen ganzen Ratgeber füllen. Doch möchte ich Dich hier nicht über die Grundlagen aufklären, sondern Dir zeigen, dass Deine Empfindung keine Seltenheit ist und Du ihr ruhig Raum in Deiner neuen Sexualität geben solltest.

Welche Wünsche Du an Deinen gleichgeschlechtigen Partner richtest und ob es sich nur um ein SM Spiel oder um eine tiefer gehende Beziehung handelt, wirst Du im Laufe der Zeit bemerken und kannst Deine Handlung dementsprechend ausrichten. Du musst Dich auf jeden Fall für Deine Entdeckung nicht schämen und hast die Gewissheit, dass gleichgeschlechtige Sessions im BDSM keine Seltenheit sind und Du auch mit dieser Vorliebe einen geeigneten Partner für Dein Spiel finden wirst.

Homosexueller BDSM kann sogar noch intensiver sein, da Du auf ein Dir identisches Geschlecht vertraust und so genau die Impressionen in euer Spiel holst, welche Du selbst bevorzugst. Eine Domina kann weibliche Wünsche in vielen Fällen besser verstehen und umsetzen, als es ein männlicher Dom kann. Auch wenn Du sexuell eigentlich auf das andere Geschlecht stehst, kann eine Erfahrung mit einem gleichgeschlechtigen Partner etwas ganz Besonderes sein und Dir einen neuen Blickwinkel auf Deine Leidenschaft und den BDSM an sich vermitteln.

12. Beliebte Spielarten für harte Sessions Zuhause

Du hörst jeden Schritt Deines Obermieters, hörst die Nachbarn zanken und weißt, dass Deine Kinder gleich nebenan schlafen? Sicher, BDSM im heimischen Bett ist nicht immer einfach und erfordert von Dir viel Rücksicht auf Deine Mitmenschen und eine optimale Planung. Aber es ist nicht unmöglich, dass Du ein heißes Spiel auch zu Hause erleben und mit Deinem Partner ungestört genießen kannst. Du solltest natürlich Vorkehrungen gegen den Lauschangriff Deiner Nachbarn treffen und ausschließen, dass sie mehr als gewollt hören und mitbekommen. Da eine Peitsche sehr laut durch die Luft sausen und rhythmisch auf Deinem Körper auftreffen kann, muss der Raum gedämmt und so für mehr Ruhe gesorgt werden.

Ebenso kannst Du Möglichkeiten nutzen, die Deine Schreie eindämmen und die Nachbarn nicht dazu veranlassen, aufgrund wiederkehrender schriller Schreie in Abwechslung mit Schlägen, die Polizei zu rufen und Dich so in eine äußerst peinliche Situation zu bringen.

Bondage, sowie Peitschenschläge, Dehnungen oder Fisting gehören zu den beliebtesten Spielarten die Du auch zu Hause problemlos erleben kannst. Wie schon angesprochen, sollte Dein Schlafzimmer am besten gedämmt werden. Dafür ist nicht unbedingt ein großer Umbau notwendig.

Häufig reicht es schon aus, die Leere eines Raumes zu kompensieren und mit viel Stoffen und Einrichtung zu arbeiten. So nimmst Du den Schall und kannst sicher sein, dass Deine Nachbarn zwar nicht nur gänzliche Stille, wohl aber keine Geräusche aus eurer Session hören werden. Hast Du Kinder oder wohnst in einer WG, sind ein blickdichtes Schlüsselloch und ein abschließbarer Raum die Grundlage für ein Spiel zu Hause.

Auch wenn sonst niemand in Dein Schlafzimmer eintritt und Du Dir sicher bist, es wird auch in Zukunft nicht so sein, solltest Du jede Eventualität ausschließen und Dich nicht den Fragen Deiner Kinder aussetzen, warum Mama gefesselt ist und Papa sie schlägt. Überlege Dir mal, welchen Eindruck diese Aussage aus einem Kindermund im Kindergarten oder der Schule hinterlässt. Ein Sklavenstuhl, eine Liebesschaukel oder ein Bock sind Dinge, die eine Session zu Hause auch außerhalb des stabilen Gitterbettes möglich machen.

Und es kommt noch besser. Es sind alles Dinge, die Du im Anschluss unsichtbar verstauen und vor den Blicken anderer Menschen verbergen kannst. Es gibt also überhaupt keinen Grund, für Deine Lust aus dem Haus zu gehen und ein Hotelzimmer, das Auto oder gar die freie Natur zu wählen. Alle verstaubaren Spielzeuge und Elemente Deiner Lust finden im Schlafzimmer Platz und schaffen eine Möglichkeit, unzählige Spielarten zu Hause erleben zu können.

In der Entscheidung für Spielarten sind Deiner Phantasie praktisch keine Grenzen gesetzt. Du kannst alles, was nicht mit lauten Geräuschen oder einem überdimensional lauten elektrischen Summen einhergeht, problemlos zu Hause einsetzen und so den Spaß ganz einfach ins Schlafzimmer hinter die abgeschlossene Tür verlegen. Zum wichtigen Equipment für eine Session zu Hause gehört ein Knebel. Auch die tolerantesten Nachbarn würden irgendwann hellhörig werden, hören sie aus Deiner Wohnung spitze und schrille Schreie, die Du aufgrund des Lustschmerz ausstößt und die auch nach

Kenntnis Deiner Nachbarn über normale und gewohnte Geräusche beim Sex mit Deinem Partner hinausgehen und garantiert auffallen würden.

12.1. Bondage und Peitschenhiebe

Bondage ist ideal für eine Spielart zu Hause. Da Du Bondage mit zahlreichen Spielarten kombinieren und so Deine Lust ohne Einschränkung erleben kannst, gehört das Seil unbedingt in Deinen Schrank mit dem Equipment. Am besten ist natürlich ein Haken an der Decke oder ein Gitterbett, wo Dein Partner Dich in Deinem Bondage befestigen und Dir die Peitsche über den Po und Rücken ziehen kann.

Das Seil alleine ist zwar ein Anfang, gibt Dir aber nicht den Reiz, den Du bei vollständiger Wehrlosigkeit verspürst. Solange Du Dich einem Schlag noch entziehen und ihm ausweichen kannst, hast Du zwar das Spiel unter Kontrolle, wirst aber das Prickeln einer Session vermissen, in der Du Deinem Partner wehrlos ausgeliefert bist und Deine Willenlosigkeit in den Seilen hängend demonstrierst.

Damit es nicht zur Entdeckung oder zu Unfällen kommt, sollte die Befestigung beim Bondage so gewählt werden, dass Du auch bei heftigen Bewegungen in den Seilen keine ungewöhnlichen Geräusche verursachst. Mit einem Knebel, einer schalldämmenden Isolierung des Raumes zu den Nachbarn, sowie einem stabilen und nicht quietschenden Bett wirst Du viel Freude haben und kannst Deine Neigung nach Herzenslust und ohne Angst vor Entdeckung ausleben. Denkst Du, Dein Nachbar hat nur langweiligen normalen Sex?

Das kann natürlich sein. Vielleicht hat er sein Schlafzimmer aber auch nur so isoliert, das Du in dem Glauben bist und in Wirklichkeit zieht er die Peitsche über den Rücken seiner Frau, deren Schreie Du anhand eines Knebels in ihrem Mund nicht hörst. Da lautstarke Geräusche in einer Mietwohnung sogar zur Kündigung durch den Vermieter führen können, solltest Du auf jeden Fall Vorkehrungen treffen und Deine Nachbarn nicht verärgern. Nicht jeder Nachbar hat die Toleranz, dass er Deine Schreie oder die Schläge der Peitsche als Lustgewinn empfindet und seiner Phantasie Raum gibt.

Du kannst Dich glücklich schätzen, wenn Du Deine Neigung mit Deinem geliebten Partner zu Hause ausleben und die Leidenschaft der Lust im vertrauensvollen Umgang genießen kannst. Da sollten Dir die paar Handgriffe, durch die Du einen schalldichten Raum schaffst und Deine Neigung diskret auslebst, nicht zu viel sein. Ehe ihr im neuen Schlafzimmer eine ausgiebige Session plant, solltet ihr die Geräusche prüfen und könnt hierzu erfinderisch sein. Natürlich, die Schläge der Peitsche auf Deinem Körper kann Dein Partner nicht von Draußen hören, weil er Dich in dem Moment nicht schlagen könnte. Wohl aber kannst Du die Peitsche durch die Luft sausen oder sie auf dem Bett aufschlagen lassen und Dein Partner hört aus verschiedenen Positionen, welche Geräusche nach außen dringen.

Du wirst überrascht sein wenn ich Dir sage, dass Bondage und Spanking, sowie die Schläge mit Peitschen oder Reitgerten in deutschen Haushalten vermehrt in die Erotik einfließen. Begründen tut sich diese Tatsache in den unzähligen Möglichkeiten, sowie den eher leisen Geräuschen, die BDSM auch in einer Mietwohnung ermöglichen und für den Nachbarn nicht zu deuten sind. Auch der Haken in der Decke ist eine Option, beim Bondage in höhere Sphären aufzusteigen und Deine Lust auf eine ganz neue Art zu erleben. Obendrein kannst Du Peitschenhiebe in der Position intensiver genießen.

12.2. Stellungsvielfalt in der fesselnden Kunst

In Deinen Gedanken siehst Du Dich mit gespreizten Armen und Beinen, in Seile gelegt auf dem Bett liegen. Du kannst Dich nicht bewegen und spürst die Bequemlichkeit der weichen Matratze. Willst Du Bondage oder willst Du einfach auf dem Rücken oder dem Bauch liegen und Deine Befriedigung in immer derselben Stellung erleben? Die ungeahnten Möglichkeiten werden den Reiz erhöhen und Dir zeigen, dass Bondage eine Praktik ist, die überall in der Wohnung, in jeder Position und in unzähligen Stellungen für Deinen Lustgewinn sorgen kann.

Zu den bekannteren Praktiken gehört auch noch Bondage im Sitzen oder im Stehen. Auf einem Stuhl gefesselt, oder an Haken an der Wand befestigt kannst Du Deine Demut ausleben und Deine Dominanz vom Partner empfangen. Doch soll das alles sein? Ich zeige Dir, wie vielfältig Bondage wirklich ist und was Du alles problemlos zu Hause mit einem Seil, ein paar Haken und hinter einer verschlossenen Tür erleben kannst.

Ein einfacher Haken in der Decke kann Deinen Partner dazu animieren, Dich entweder kopfüber, oder aber auf dem Boden stehend in einem Bondage mit den Händen über Kopf zu fesseln. Soll es ein wenig mehr sein? Dann berühren nur Deine Zehenspitzen den Boden und Du wirst alle Muskeln anstrengen müssen, damit die Seile auf Deinem Körper nicht wehtun. Eine ganz neue Leidenschaft entdeckst Du und kannst ihr den Raum geben, den sie in Deiner Phantasie bereits hat.

Du liebst Spiele der Vergewaltigung und möchtest von Deinem Partner, der in die Rolle eines Fremden tritt überrascht werden? Dann wundere Dich nicht, wenn er Dich kauernd oder kniend an der Heizung sediert und Dich im Anschluss allein lässt. Da die Heizung natürlich besonders intensive Geräusche in die benachbarten Wohnungen leitet, solltest Du Dich still verhalten und Deinen Pseudovergewaltiger nicht verärgern. Im Eigenheim kann der Keller zu einem Spielparadies ausgebaut werden. Niemand wird Deine Schreie hören und niemand wird Dich bemerken, wenn Du gefesselt auf dem kalten Boden kniest und auf die Gnade Deines Meisters hoffst.

Bondage ist der Überbegriff für eine Vielfalt an Positionen, an Möglichkeiten und an Sedierungen, die in Kombination mit BDSM Praktiken für den unverkennbaren Reiz sorgen. Sind Dir Seile nicht hart oder kalt genug? Ketten mit Karabinern eignen sich ebenfalls und können ebenso unproblematisch an Haken befestigt, am Bett verkettet oder am Heizungsrohr angebracht werden. Deine Phantasie allein wird Dich leiten und Dir im Haus immer neue Orte zeigen, die Du in Dein Bondage einfließen und zur Erhöhung Deiner Lust nutzen kannst.

Von einfach bis schwierig ist das Bondage die Option, die Dich sowohl lustvoll stöhnen, als auch mit schmerzenden Muskeln ausharren und Dich in Geduld üben lässt. Wie weit Dein Partner geht und welche Positionen Dich begeistern, sind Dinge der im Vorfeld erfolgenden Absprache. Sicher wird Dich Dein Partner auch gerne mit einem neuen Bondage überraschen. Von einer Fesselung über Kopf oder einer Anbringung am Deckenhaken ohne Bodenkontakt solltest Du nur Gebrauch machen, wenn Du vom Kreislauf her fit bist und Deinem Partner so sehr vertraust, dass Du keinesfalls Zustände von Angst bekommst.

12.3. Lustschmerz oder grenzwertig?

Für Verfechter des BDSM sind alle Schmerzen grenzwertig und sie können sich nicht vorstellen, dass ein Schmerz die Lust steigern und sogar zu einem Höhepunkt führen kann. Doch Du bist keiner dieser Kritiker und hast somit eigene Emotionen und Gedanken, die in Deine Entscheidung einfließen. Generell ist jeder Schmerz erlaubt, den Du zulässt und der Deinen Körper in Wallung bringt. Um eine grenzwertige Situation zu erkennen und nicht vom Lustschmerz in einen Absturz zu gleiten, ist Deine Aufmerksamkeit im BDSM ein ständiger Begleiter. Du musst Deinen Körper kennen und musst seine Signale deuten, da niemand außer Dir sofort eine Veränderung der Emotionen erkennen und Deine Empfindungen spüren kann.

Auch wenn Dein erfahrener Partner sehr aufmerksam ist und einen Dir zugefügten Schmerz deuten kann, sieht er doch nur Deine körperliche, nicht aber Deine mentale Reaktion. Ob Du vor Lust schreist oder ob ein Schlag so heftig war, dass Du einen grenzwertigen Schmerz verspürst, bemerkst nur Du und somit kannst auch nur Du darauf reagieren und ein Stopp einwerfen. Du hast das Safeword nicht nur zur Sicherheit, sondern auch zur Verwendung und zur Beendigung einer Session im Hinterkopf. Um für Dich eine richtige Entscheidung zu treffen und gar nicht erst in grenzwertige Situationen zu geraten, müssen Deine Grenzen klar definiert und für Dich offensichtlich sein. Ebenso muss Dein Partner sie kennen, um sie einhalten und sich in ihnen bewegen zu können.

In späterer Folge wirst Du grenzwertige Erfahrungen schätzen und wirst stetig auf der Suche nach Spielen sein, in denen Du Deine Grenzen überschreitest. Als Newbie solltest Du von einem schnellen Überschreiten Deiner Grenzen immer absehen und Dich damit begnügen, Grenzen zu finden, sie zu erkennen und Dich innerhalb dieser zu bewegen. Sinn und Ziel einer Session ist der Schmerz, der für Dich die grenzenlose Lust bedeutet und der Dir eine Gänsehaut über den Rücken jagt, die Feuchtigkeit Deine Schenkel hinablaufen lässt und Dich soweit bringt, dass Du Dir nur noch die Erlösung wünscht.

Anfangs kannst Du während einer Session sogar zu einem Höhepunkt kommen, ohne dass Dein Partner Dich wirklich berührt oder Sex mit Dir hat. Die neue Erfahrung, der neue Schmerz und Deine Lust werden Dich überwältigen und können Dich einen Weg führen, der Dich selbst zu Zweifeln anhält und Dich fragen lässt, wie Du allein durch einen Schmerz einen Höhepunkt bekommen und Deine Lust laut herausschreien kannst. Es ist keine Seltenheit, dass Du nach diesem Höhepunkt so befriedigt bist, dass Du auf körperlichen Sex gar keinen Wert mehr legst und nach Deiner Erfahrung einfach nur noch ruhen, Deinen Körper und die Seele entspannen möchtest.

Ein erfahrener und verständnisvoller Partner wird Dich als Anfänger sicher gelegentlich fragen, was Du fühlst und ob das Spiel für Dich okay ist. Gib ihm ein Zeichen und zeige ihm, ob der Schmerz für Dich noch Lust oder schon eine grenzwertige Erfahrung ist. Wenn ein Partner fragt, ist das ein gutes Zeichen und eine optimale Basis, eine sehr vertrauensvolle, intensive und dauerhafte BDSM Beziehung aufzubauen oder die neuen Erfahrungen in der Partnerschaft mit Steigerungspotenzial einzubauen.

13. BDSM und die gesellschaftliche Meinung

Von der gesellschaftlichen Meinung brauchst Du Dir nicht zu viel zu erhoffen. Auch wenn sich heute schon weitaus mehr Menschen mit BDSM beschäftigen als noch vor ein paar Jahren, halten sich Ahnung und Erfahrung doch eher in Grenzen. Den Anlass zur Auseinandersetzung mit diesem Thema lieferte für viele (vor allem weibliche) Menschen die Shades of Grey Reihe. Auf einmal sah man, dass es noch etwas Anderes als Blümchensex gibt und dass da ja noch ein Bereich ist, welcher interessante Dinge verspricht und neugierig macht. Doch kann ich Dir nur raten, nicht jedem Shades of Grey Leser zu vertrauen oder ihm gar eine hohe Meinung und Kenntnis von BDSM zuzusprechen.

Sicher, vielleicht hast Du die Bücher auch gelesen und Deinen ersten Zusammenstoß mit hartem Sex in dieser Buchreihe gehabt. Das stellt auch kein Problem dar, doch möchte ich anhand der Buchreihe auf eine andere Geschichte hinaus. Was aus dem BDSM Bereich in der Gesellschaft anerkannt ist, sind identisch die Details und Spielzeuge, die bei Shades of Grey beschrieben werden. Bist Du aber spezifischer und beschränkst Dich nicht auf diese wenig authentische Art zu spielen, wirst Du auch von Shades of Grey Lesern schief angesehen und kannst Dich auf eine Ablehnung gefasst machen. Generell möchte ich meinen, dass eine sexuelle Neigung die fernab der Norm liegt und die sogar mit Schmerzen und nicht mit Gleichberechtigung zweier Partner einhergeht, in der Gesellschaft immer missverstanden wird. Einige Menschen werden Dich mit mitleidigen, andere mit lüsternen Blicken bedenken. Aber eines ist klar. Keine wird Dich mehr ansehen, wie er Dich früher betrachtet hat.

Aus diesem Grund solltest Du genau überlegen, wie Du mit Deiner Neigung umgehst und ob Du wirklich eine Konfrontation mit dem sexuellen Mainstream suchst. Es ist nicht notwendig, im Freundeskreis oder in der Familie mit einem Outing zu beginnen und so Dein Standing zu gefährden. Auch im Beruf - gerade im Beruf - hat Deine Sexualität überhaupt keinen Rahmen und sollte mit äußerster Diskretion behandelt werden. Stell Dir nur vor wie Dein Chef reagiert, wenn er von Deiner Leidenschaft erfahren würde. Entweder würde er Dich ausnutzen und sein Wissen gegen Dich verwenden, oder aber er würde Dich umgehend entlassen und Dich als nicht mehr tragbar für die Firma halten. Es gibt verschiedene Arten des Umgangs mit BDSM. Doch die wenigsten Menschen gehen damit so um, wie es eigentlich legitim und in der modernen Gesellschaft normal wäre. In den meisten Fällen wird eine sehr intensive Reaktion ausgelöst. Da Du nie weißt, ob sie positiv oder negativ ist, solltest Du die Akzeptanz Deiner Mitmenschen nicht auf die Probe stellen.

Es gibt keine Grauzone. Kaum ein Mensch mit dem Du über BDSM sprichst, wird einfach eine Ist-mir-doch-egal Position beziehen. Entweder erweckst Du Neugier, machst Dich aber im gleichen Atemzug angreifbar. Oder Du erweckst Inakzeptanz und kannst davon ausgehen, dass Du von diesen Menschen als pervers und abartig angesehen wirst. Was immer ausbleibt ist ein Umgang, der keine Veränderung in Deinen Mitmenschen hervorruft und Dich gesellschaftliche Beziehungen so weiter führen lässt, wie Du sie bis dato gepflegt hast.

13.1. Akzeptanz oder Abneigung, was erwartet mich?

Tja, wenn Du das wüsstest, dann wäre der Umgang mit Deiner neuen Situation ja einfach. Doch so einfach ist es nicht. Eigentlich offene Menschen, mit denen Du immer über Sex, über Probleme und sonstige intime Details gesprochen hast, können ganz anders reagieren als Du es erwartest. Sie können Dich mit einem Mal ablehnen und den Kontakt zu Dir auf einer sporadischen Ebene laufen lassen. Hingegen ist es auch nicht ungewöhnlich, dass Du von Menschen denen Du so viel Offenheit gar nicht zugetraut hast, auf einmal viel mehr beachtet wirst als früher. Das kann durchaus daran liegen, dass auch diese Menschen die Neigung haben und sich bisher nur noch nicht dazu bekennen wollten. Filtere auf jeden Fall in Deinem Freundeskreis heraus, wem Du vertrauen und solch ein intimes Detail erzählen und wen Du bei Deinem Outing lieber aussparen solltest.

Hauptsächlich fürchtest Du Dich natürlich vor fehlender Akzeptanz und Ablehnung. Doch möchte ich Dich noch mehr vor den Menschen warnen, die nach Deinem Outing ein gesteigertes Interesse an Dir zeigen. Dies geschieht nicht immer ganz ohne Eigennutz und kann auch auf einer Ebene basieren, dass die Menschen Dich nun für leicht zu haben wähnen. Denn Deine neue Neigung wird von Außenstehenden häufig damit in Verbindung gebracht, dass Du eine überdimensionierte Sexualität hast und praktisch alles dafür tun würdest, um Dich irgendjemandem ergeben zu können.

Diesen Eindruck solltest Du gar nicht erst aufkommen lassen und mit klaren Ansagen ausschließen, dass Du in Folge Deines Bekenntnisses von Menschen Avancen bekommst, die bei

Dir sowieso keine Chance haben. Ich bin der festen Ansicht, dass Du mit Deinem Bekenntnis keinesfalls zu offen umgehen und so am besten alle Probleme ausschließen kannst. Lediglich mit den Menschen, die es betrifft, musst Du auch tatsächlich reden und sie darüber in Kenntnis setzen. Dies wäre Dein Partner, ein eventueller Spielpartner oder ein Freund, mit dem Du ein einschlägiges Event besuchst und ihn somit einweihen musst. Im normalen gesellschaftlichen Leben hat Deine Neigung ebenso wenig Bestand, wie es eine frühere Vorliebe beim Sex gehabt hätte. Diskretion ist Dein wichtigster Begleiter und sollte auf allen Wegen und bei allen Personen an Deiner Seite verweilen. Da Du nie über die Akzeptanz oder Ablehnung urteilen und diese im Vorfeld erahnen kannst, können Dir zu offene Bekenntnisse auf die Füße fallen und Deine gesellschaftlichen und beruflichen Beziehungen stark belasten. Da BDSM für viele Menschen immer noch als Perversion gilt und sogar als Krankheit bewertet wird, solltest Du Deine Angriffsfläche in keinem Fall vergrößern und Dich zur Zielscheibe Deiner Mitmenschen machen.

Was Dich speziell erwartet, hängt aber nicht nur mit der Meinung Deiner Mitmenschen, sondern auch mit Deiner persönlichen Art Dich zu artikulieren ab. Wenn Du Menschen, mit denen Du Deine Erkenntnis teilen möchtest auf dem richtigen Weg informierst und nicht mit der Tür ins Haus fällst, wirst Du die Reaktionen steuern und Dich vor einer Ablehnung schützen können. Vor allem in Bezug auf den Partner solltest Du die Möglichkeit des langsamen Herantastens wählen und so ausschließen, dass er Angst bekommt und eure Beziehung beenden wird.

13.2. Diskretion ist Selbstschutz

Du wirst Dich fragen, warum Diskretion eine übergeordnete Bedeutung hat. Wie Du bereits in den vorherigen Kapiteln erfahren hast, gehört BDSM nicht zu den gesellschaftsfähigen Themen. Es gibt Menschen die das Wissen über Dich gegen Deine Person verwenden und Dir große Steine in den Weg legen können. Andere könnten ihr Wissen über Dich ausnutzen und zu ihrem eigenen Vorteil einsetzen. Es spielt keine Rolle, welche Probleme entstehen können. Fakt ist, bist Du nicht diskret, dann entstehen auf jeden Fall Probleme und es wird schwierig für Dich, den Alltag wie gewohnt und im Kreise der Dir bekannten Menschen zu verbringen.

Blicke werden Dich verfolgen, Du wirst Menschen hinter Dir tuscheln und sie leise Deinen Namen sagen hören. Das kann sogar so weit führen, dass Du Dich stets beobachtet fühlst und irgendwann der Meinung bist, dass jeder Deine Neigung bereits von weitem erkennen und sich ein Urteil über Dich bilden kann. Aber Halt! So schlimm ist es nun auch wieder nicht. Du hast es in der Hand, diese Problematik gar nicht erst in Deinem Leben einziehen zu lassen. Dabei solltest Du Dir auch vor Augen halten, dass nicht nur Du, sondern auch Dein Partner eine Privatsphäre hat und kein Gerede über seine Leidenschaft brauchen kann.

In den Kreisen Gleichgesinnter sind Gespräche über BDSM kein großes Problem. Anders verhält es sich aber, wenn Du mit Fremden oder auf beruflicher Ebene über diese Thematik sprichst. Hier kannst Du durch mindere Diskretion dafür sorgen, dass Deine berufliche Karriere sich praktisch in Nichts auflöst und endet, ehe sie überhaupt richtig begonnen hat.

Und wofür das Ganze? Für eine Neigung, die Du nur mit Deinem Partner oder im gewählten Kreis auslebst? Wie Du unterdes erkannt hast, wäre das genau der falsche Weg und ein Pfad, der Dir kein Glück bringen und Deine Freude über die neue Leidenschaft nicht erhöhen würde.

Sicherlich erwartest Du auch von Deinen Partnern, dass sie nicht mit Außenstehenden über die Dinge reden, die sie mit Dir in einer Session machen. Also halte es genauso und nutze die Diskretion, um Dich, aber auch Deinen Partner zu schützen und euch nicht dem Gerede der Öffentlichkeit auszusetzen. Euch würde kein Mehrwert entstehen, sondern eher das Gegenteil der Fall sein. Deine Beliebtheit könnte sich abrupt in Gewässer wenden, die viel zu groß für Dich sind und in denen Du Dich nicht wie gewohnt bewegen kannst. Ehe Du überhaupt im BDSM aktiv bist und verschiedene Spielarten lernst, solltest Du Dich in Diskretion üben und genau überlegen, wie Du Deine Neigung am besten ausleben und den Alltag davon nicht beeinflussen lassen kannst.

Sicher, manchmal wird es Dir auf der Zunge brennen und Du wirst den Bedarf nach einem Gespräch verspüren. Doch wenn Du über die Folgen nachdenkst und Dir immer vor Augen hältst, dass Du Dich in einer Grauzone bewegst und nicht über das Wetter oder den neuesten Modetrends sprichst, wirst Du die Schweigsamkeit und Diskretion schätzen lernen und auch merken, dass Dir ein Gespräch an der richtigen Stelle mehr bringt als eine unüberlegte Aussage gegenüber der falschen Leute.

13.3. Reden ist Silber – doch Gold ist wertvoller

Sicher, Du kannst über Deine Neigung reden und Dich für einen Moment in den Mittelpunkt Deines Freundeskreises und Deiner Mitmenschen rücken. Doch ist es das wirklich? Willst Du das? Möchtest Du Dich den unangenehmen Fragen aussetzen und das Risiko einer Verurteilung eingehen? Gehe nie davon aus, dass etwas, was für Dich normal ist, auch von Deinen Mitmenschen als normal empfunden wird. Auch wenn Reden Silber und somit nicht wertlos ist, solltest Du den Wert von Gold nicht unterschätzen. Schweigen ist Gold und für Dich in diesem Themengebiet auf jeden Fall von Vorteil. Hier kann ich wieder den Bezug zur Sexualität herstellen und frage Dich, ob Du in der Vergangenheit mit Deinen Freunden über sexuelle Praktiken und Erlebnisse mit Deinem Partner gesprochen hast.

Du nicht? Dann frage Dich, warum Du jetzt auf einmal darüber sprechen und Dich Deinen Freunden mitteilen möchtest. Keine Sorge, ich kann Dich durchaus verstehen und spüre Deinen inneren Drang, Deinen neuen Weg nicht im Stillen zu erleben. Ich spüre Deine Aufregung wenn Du darüber sprechen möchtest und das innige Bedürfnis verspürst, Anerkennung und Akzeptanz zu finden. Doch solltest Du genau abwägen, welchem Deiner Freunde Du wirklich blind vertraust und wem Du ein Geheimnis anvertrauen kannst. BDSM ist für Dich mehr als nur Sex und ist ein Detail in Deinem Leben, welches für Dich eine große Bedeutung eingenommen hat.

Doch gerade deshalb solltest Du behutsam mit Deinen Wünschen und Deinem Wissen umgehen und es nicht mit Menschen teilen, die Dich in diesem Punkt nicht verstehen würden. Du kannst auch nach Deinem Erkennen der Neigung ein ganz normales Leben führen und Dich mit Deinen Freunden treffen, gemeinsame Unternehmungen starten und die unveränderte Akzeptanz genießen. Das klappt allerdings nur, wenn Du Deine Sexualität aus dem Freundeskreis heraushältst und Dich nicht dazu verleiten lässt, zu offenherzig mit Deinen neuen Erlebnissen, Wünschen und Emotionen umgehst. Wem du Silber gönnst und wer bei Dir den Goldstatus hat, solltest Du im Vorfeld abwägen und hierbei ganz präzise und überlegt vorgehen.

Beachte, wer wirklich etwas mit Deiner Sexualität zu tun hat und wer aus diesem Grund davon wissen sollte oder sogar wissen muss. Schnell wirst Du bemerken, dass Deine Clique, Deine Arbeitskollegen, Deine Eltern oder Geschwister, aber auch Deine besten Freunde nicht zum Kreis der Auserwählten gehören. Wirst Du mit ihnen je Erlebnisse dieser Art haben oder werden sie sonst irgendeine Rolle in Deinem Leben im BDSM spielen? Das ist eher unwahrscheinlich und sollte Dir als Basis dienen, von einem Gespräch darüber abzusehen.

Du musst auch davon ausgehen, dass Dein Gespräch nicht bei der Person bleibt, mit der Du es geführt hast. Aus diesem Grund könnten sich Deine intimsten Details im gesamten Umfeld der Gesprächsperson verbreiten und Dich in ein schlechtes Licht rücken. Möchtest Du nicht von Deinen Mitmenschen mit ungewohnt stechenden Blicken bedacht oder gar mit unangenehmen Fragen sekkiert werden, solltest Du Dich auf den Goldstatus berufen und über Deine Neigung schweigen. Außer dem Partner oder eventuellen Spielpartnern muss niemand auch nur einen Funken an Kenntnis erhalten und sich mit Deiner Sexualität befassen.

13.4. Online BDSM – der Umgang mit dem anderen Web

In Deinem Freundeskreis solltest Du nicht über Deine Neigung sprechen. Doch bist Du ja neugierig, möchtest Gleichgesinnte, eventuelle Spielpartner kennenlernen und Dich mit anderen Menschen über verschiedene Dinge im BDSM austauschen. Kein Problem, wenn Du das Web nutzt. Am besten berufst Du Dich auf spezielle Foren und Portale, meldest Dich dort an und hast nach Deiner Anmeldung eine Vielfalt an gleichgesinnten Menschen, die Deine Erfahrungen teilen oder Dir Tipps und Ratschläge geben können. Ich gebe Dir den Tipp, das erotische Web nicht zu offenherzig zu nutzen und Dich keinesfalls unter Deinem bürgerlichen Namen anzumelden. Nicht alle Mitglieder in Foren und Portalen sind wirklich auf der gleichen Schiene wie Du unterwegs.

Immer wieder gibt es auch Mitglieder, die diese Plattformen nutzen, um ihre erotische Phantasie schweifen zu lassen und im Geheimen mehr über eine Neigung zu erfahren, die sie eigentlich nicht teilen. Deine Adresse, Informationen zu Deinem Privatleben oder gar der beruflichen Stellung haben im erotischen Web nichts verloren und sollten in Deinem Profil ausgespart werden. Da Dich Bekannte aber nicht allein über Deinen Namen, sondern auch über Bilder erkennen, solltest Du Aufnahmen mit Deinem Gesicht am besten vermeiden.

Auch besteht die Gefahr, dass diese Bilder von Usern per Download genutzt und zu anderen Zwecken verwendet werden. Das spezielle Web ist mit Vorsicht zu genießen und sollte von Dir lediglich mit den Informationen bestückt werden, die Deine Angriffsfläche nicht erhöhen und die keinerlei Rückschlüsse auf Dein reales Leben ziehen lassen. Du spielst im

BDSM eine Rolle und musst keinen Anlass in einer realen Selbstdarstellung sehen. Auch wenn Du auf der Suche nach einem Spielpartner bist, muss dieser nicht alles über Dich wissen. Du wirst auch nicht alles über ihn erfahren. Ehrliche Ansagen und Äußerungen sind nur in dem Punkt wichtig, in dem sie das Spiel betreffen und für eine Vertrauensbasis zwischen Dir und Deinem fokussierten Spielpartner sorgen. Du wirst viele Menschen kennenlernen und kannst online Kontakte knüpfen, die Du auch im realen Leben kennenlernen und für das Ausleben Deiner Lust auswählen kannst.

Ehe Du Dich mit einer Online Bekanntschaft verabredest, solltest Du längere Zeit mit der Person geschrieben haben und über diesen Menschen recherchieren. Schnell wird Dir auffallen, dass Du zwar viele Informationen zu seiner Erotik und seiner Position im BDSM, nie aber Informationen zu seinem realen Leben findest. Dir soll es ja genauso gehen. Überlege Dir die Auswirkungen eines zu offenen Bekenntnisses, wenn Du beispielsweise auf Wohnungssuche bist und Dein neuer Vermieter im Web nach Deiner Email Adresse oder Deinem Namen googelt und auf einmal bemerkt, dass Du in einschlägigen Portalen unterwegs bist. Er würde Dich als Mieter ablehnen und würde einen Mieter bevorzugen, dessen Weste im Web weißer wirkt.

Halte Dir immer vor Augen, dass das Web kein rechtsfreier und schon gar kein anonymer Raum ist. Alle von Dir eingegebenen Informationen sind für andere Menschen abrufbar und können Dir als Stein in den Weg gelegt werden. Nutze für eine Anmeldung im Portal oder einem Forum nie die E-Mail Adresse, die Du für geschäftliche Zwecke oder die private Kommunikation verwendest.

13.5. Mein Internet Auftritt – Leidenschaft teilen?

Wenn Du das Web zum Teilen Deiner Leidenschaft nutzen und auf diesem Weg neue Menschen kennenlernen und viele Erfahrungen sammeln möchtest, sollte Dir die Diskretion am Herzen liegen. Ich kann Dir versichern, dass es im BDSM Web nicht auf Dein Gesicht, sondern lediglich auf Deine Körperlichkeit ankommt. Dies sollte Dir als Anlass dienen um zu erkennen, dass Fotos die Dich für Bekannte erkennbar machen, keinesfalls veröffentlicht und im Web präsentiert werden sollten. Möchtest Du nicht als Pornosternchen oder als Mensch mit perverser Leidenschaft abgeurteilt werden, solltest Du Deine reale Person schützen und Dich bei Deinen Präsentationen auf die Aspekte fokussieren, die für Deine gleichgesinnten Mitmenschen wirklich wichtig und relevant sind.

Wichtige Punkte für einen sicheren Umgang mit dem Internet:

➢ Teile nie Inhalte, die Du bereits in sozialen Netzwerken geteilt hast.
➢ Nutze für Deine Anmeldung in BDSM Portalen nicht dieselbe Email Adresse, die Du bei Facebook und Co. verwendest.
➢ Prüfe vor jeder Veröffentlichung, ob sich Parallelen zu Deinem realen Leben herstellen lassen und vermeide diese.
➢ Agiere nie unter Deinem realen Namen.
➢ Behalte Deine Adresse, sowie Informationen zu Deiner Arbeitsstelle für Dich.
➢ Veröffentliche keine Fotos, auf denen man Dein Gesicht erkennt und in Erfahrung bringen kann, wer Du wirklich bist.

- ➢ Baue Dir eine wasserdichte Rolle auf und weiche nicht von ihr ab.
- ➢ Beantworte keine Fragen von Menschen, die in Deine Privatsphäre eindringen möchten.
- ➢ Schaffe keine Unklarheiten über Deine Absichten.
- ➢ Sorge für ein festes Gerüst Deiner Präsentation.

Du sollst kommunizieren, na klar. Auch neue Menschen kannst Du bedenkenlos kennenlernen. Du kannst im Web Fragen stellen, die Du im realen Leben nicht über die Lippen bringen würdest. Doch nie solltest Du vergessen, dass alle Handlungen und Worte von Deiner Rolle, nicht von Deinem realen Ich ausgehen. Genauso solltest Du formulieren und agieren, möchtest Du Dich selbst schützen und Probleme ausschließen. Wie im vorherigen Punkt bereits angesprochen, können Arbeitgeber und Vermieter alle Informationen im Internet abrufen, die direkt mit Deinem Namen, Angaben zu Deiner Person oder über ein Foto welches unter Deinem Namen gespeichert wurde, in Verbindung stehen. Da Du Dich Deinem Chef sicherlich nicht in einer Fesselung oder einem hautengen Lack Outfit in eindeutiger Pose zeigen möchtest, solltest Du das veröffentlichte Foto auch nicht unter Deinem Namen oder einem nachvollziehbaren Pfad speichern. Ebenso musst Du davon ausgehen, dass man Dein Gesicht erkennen könnte. Ziehe eine Maske über oder stelle nur Fotos online, auf denen man zwar Deinen Körper und die Fesselung, nicht aber Dein Gesicht sehen kann.

Dir wird auffallen, dass alle anderen Mitglieder in den Portalen und Foren ebenso handeln. Sobald Du spezifische Fragen nach dem realen Leben stellst, wirst Du von echten BDSMlern keine Information erhalten und darüber in Kenntnis gesetzt werden, dass dies nichts zur Sache tut. Das ist von diesen Mitgliedern keine Böswilligkeit oder gar Arroganz, sondern ein wichtiges Detail zum Selbstschutz der Personen und zur Vermeidung von Problemen, die bei zu großer Offenheit entstehen würden. Wenn Du in Deiner Rolle gut bist und Dich hinter einem Avatar verbirgst, schützt Du Dich und gibst nur die relevanten Details preis.

13.6. Ein Rollenspiel und sein Reiz

Der Reiz im BDSM besteht nicht darin, Dich zu outen und Dein Leben wie es war, mit hohen Risiken zu füllen. Vielmehr ist der Reiz die Rolle selbst. Was das bedeutet, wirst Du Dich fragen? Ganz einfach. Du baust Dir eine zweite Identität auf und nutzt diese für alle Kontakte, sowie für Deine Präsentation im Web. Je wasserdichter und überzeugender Deine Rolle ist, umso authentischer kommst Du für Deine Mitmenschen rüber. Du wirst Dich nun fragen, was Authentizität mit einer Rolle zu tun hat und wirst Dich wundern, wie Du bei fiktiven Angaben authentisch sein kannst? Ganz einfach. Die Angaben sind zwar fiktiv, betreffen aber Deinen Avatar und Deinen Charakter, den Du im Rollenspiel übernehmen und ausleben möchtest.

Mit diesen Angaben willst Du Spielpartner finden und willst Deine Reize präsentieren. Also tue es auch so und vermeide, Deine reale Persönlichkeit zu nah an Deine Rolle zu bringen und so eine Übereinstimmung zwischen Deinem fiktiven Ich in der Sexualität, sowie Deinem realen Ich im beruflichen und familiären Alltag zu schaffen. Hart gesagt interessiert es niemanden, wer Du wirklich bist, womit Du Deine Brötchen verdienst oder in welchen familiären Verhältnissen Du lebst. Deine gewählten Spielpartner sind nicht an Deinem realen Ich, sondern an Deiner Position im BDSM interessiert. Ob Du als Manager in einer großen Firma arbeitest, in einem Eigenheim oder einer Mietwohnung lebst, spielt für potenzielle Spielpartner keine Rolle. Ebenso unwichtig ist es, ob Du verheiratet oder Single bist.

Suchst Du einen Partner für BDSM Spielarten, wird dieser Dir ebenfalls nur einen Bruchteil seiner Informationen geben und Dich, bezüglich seiner Privatsphäre, im Dunkeln tappen lassen. Das weist nicht auf minderes Vertrauen hin, sondern ist im BDSM eine gängige und ganz normale Praktik. Anstatt Dich zu offenbaren und Deine Rolle mit dem wirklichen Leben zu verbinden, kannst Du diese so interessant wie möglich gestalten und so eine Basis mit besonderem Reiz schaffen. Ich kann Dir versichern, dass gerade das Geheimnisvolle den Reiz erhöht und nicht nur Dir, sondern auch Deinem Spielpartner und Deinen virtuellen Kontakten Freude bereitet.

Ich vergleiche die Darstellung im BDSM gerne mit einem Rollenspiel aus dem Internet. Wenn Du Dich beispielsweise bei World of Warcraft anmeldest und Dich für einen Charakter entscheidest, wirst Du auch einen Charakter fernab Deiner realen Person wählen und wirst dem Char sicherlich nicht Deinen richtigen Namen geben. Ebenso solltest Du es im BDSM tun, wobei Dein Körper natürlich Dein Char ist und Du hier nicht auf fiktive Bilder zugreifen solltest. Dein Spielpartner möchte wissen, mit wem er es zu tun hat und ob Du rein optisch seinen Ansprüchen gerecht wirst und er einen körperlichen Bezug zu Dir aufbauen kann.

Das Rollenspiel gibt Dir viele neue Impressionen und eine Möglichkeit, ein ganz anderes Leben zu führen. Dabei musst Du Deine wirkliche Realität nicht aufgeben, sondern lebst Deinen BDSM Charakter parallel. Deine schauspielerischen Fähigkeiten in Bezug auf Deine Rolle verbessern sich stetig und Du wirst bemerken, wie viel Freude Dir die parallele Rolle zu Deinem realen Leben verschafft. Genieße es und spüre diesen unsagbar starken Reiz.

14. Eine BDSM Beziehung mit dem Partner aufbauen

Das absolute Highlight jeder BDSM Beziehung kannst Du natürlich erleben, wenn Du mit Deinem Partner gemeinsam eine neue Ebene erreichst und die Erkundung Deiner Leidenschaft mit einem vertrauten Menschen vornimmst. Ihr habt beide noch keine Erfahrung mit dem BDSM und seid unschlüssig, wie ihr die neue Rolle und euer bisheriges Leben verbinden sollt? Keine Sorge, den Weg werdet ihr finden. Ihr müsst euch nur vor Augen halten, dass nicht der BDSM euer Leben bestimmt, sondern Ihr eure Leidenschaft und somit die Zeitpunkte, in denen ihr in eine Rolle schlüpft und aus einem sich liebenden und gegenseitig achtenden Paar zu einem Dom und einem Sub werdet.

Lasst keine Grauzone in euer Leben einziehen und lasst es nicht zu, dass eure gemeinsame Neigung den Alltag prägt. Begeht ihr diesen Fehler, kann sich aus der Lust in eurer Beziehung ein Problem entwickeln. Den Partner im Alltag ehren und gleichwertig behandeln ist selbstverständlich und ist euch bisher auch nicht schwer gefallen. Daran sollte sich in keinem Fall etwas ändern, auch wenn ihr im Liebesleben nun eine andere Rolle spielt und Du Dich von Deinem Partner unterwerfen lässt. Im realen Leben kann er Dir keine Befehle erteilen und Du musst keinerlei Anordnung folgen.

Begehst Du diesen Fehler und machst Dich zu einer Sklavin seiner Lust, kann jegliche Achtung vor Dir und damit auch die Liebe Deines Partners schwinden. Es gibt nichts schöneres, als wenn Du und Dein Partner gemeinsam die neue Lust entdeckt und für euch herausfindet, welche Rollen ihr einnehmen möchtet. Dabei habt ihr gegenüber dem BDSM mit einem Fremden einen großen Vorteil. Ihr kennt eure Emotionen, eure Wünsche und vertraut euch. Dieses Vertrauen gilt es nun auszubauen und noch intensiver werden zu lassen. Ihr könnt offen über die Neigung reden, müsst euch nichts verheimlichen und keine Sorge haben, dass euer Gegenüber über einen Wunsch lacht.

Anders verhält es sich, wenn ihr euch auf fremde Menschen konzentrieren und die Leidenschaft nicht in einer liebenden Beziehung ausleben werdet. Nutzt diesen Vorteil und verschafft euch die Chance, ganz neue Seiten an euch zu entdecken und herauszufinden, was euer Partner alles mag und womit Du ihn begeistern kannst. Ihr lernt gegenseitig von euch und arbeitet euch langsam in einen Bereich vor, der eure Lust steigert und der euch immer neue Reize vermittelt. Dass ihr euch schon kennt und praktisch alles miteinander teilt ist ein Vorteil, der sich positiv auf eure Erlebnisse auswirken wird.

Da Gespräche zur Vorbereitung einer Session gehören, dürft auch ihr diese nicht außen vor lassen. Doch sei Dir sicher, ein Gespräch mit einem geliebten Menschen wird Dir viel einfacher fallen als mit einem Fremden und Du wirst Dich nicht schämen, sehr intime Wünsche von Dir preiszugeben und Deinem Partner zu vermitteln. Auch wenn es sich anfangs für Dich ein wenig ungewöhnlich anfühlt und ihr eventuell auch bei einer Session in den gewohnten Rhythmus verfallt, ist dies nichts Negatives. Du liebst Deinen Partner, also wird sich der Sex nicht nur um Dominanz und Unterwerfung, sondern auch um viel Zuneigung und Hingabe, sowie liebreizende Momente drehen.

14.1. Sprich über Deine Wünsche und Emotionen!

Die Idee zu einer BDSM Beziehung mit Deinem Partner wird sich in Deinem Kopf nur dann manifestieren, wenn Du ihn wirklich liebst und ihm blind vertraust. Sollte eure Liebe schon einen Bruch haben, wirst Du dieses Bedürfnis - zumindest in Kombination mit Deinem Partner - gar nicht spüren. Also sollte es Dir einfach fallen, mit Deinem geliebten Partner offen über Deine Emotionen zu sprechen und Deine Wünsche zu äußern. Er kann, auch wenn er Dich sehr gut und vielleicht auch schon sehr lange kennt nicht erahnen, was in Deinem Kopf vorgeht und worauf Du in einer BDSM Beziehung Wert legst, welche Grenzen und Vorstellungen Du hast.

Am besten gehst Du davon aus, dass ihr euch ganz neu kennenlernt. Denn eines ist Fakt, in diesem speziellen Bereich lernt ihr euch neu kennen und wisst praktisch nichts über den Anderen. Oder hat Dein Partner Dir in der Vergangenheit erzählt, dass er Dich gerne dominieren, die Peitsche über Deinen Rücken gleiten und Dich in Fesseln sehen möchte? Wahrscheinlich nicht. Und auch Du hast keinerlei Wünsche in diesem Spektrum geäußert. Du hast also einen Menschen vor Dir, dem Du Deine neue Neigung erklären und mit dem Du offen über alle Details aus Deiner Phantasie sprechen musst. Dabei kommt es Dir zugute, dass Dein Partner ein Mensch ist, mit dem Du über alles reden und dem Du alles anvertrauen kannst. Also nutze diesen Vorteil und finde den Weg ins Gespräch.

Anfangs wird es sich vielleicht ein wenig holprig anhören und Du wirst vor dem Problem stehen, auf eine Reaktion von Deinem Partner zu warten und nicht zu wissen, wie er auf

Deine Aussagen reagieren wird. Da er aber bereit war, eine BDSM Beziehung mit Dir zu führen, musst Du keine Ablehnung befürchten und kannst somit ohne Scheu und Scham von Dir und Deinen Gedanken sprechen. Er wird Dir zuhören und auch wenn er nichts sagt, wird er Deine Gedanken zu seinen eigenen werden lassen und wird Dir ebenfalls erzählen, wie er sich eine Session vorstellt und in welchem Rahmen er sich eine BDSM Beziehung mit Dir vorstellen kann.

Auch wenn die gewünschten Spielarten einen wichtigen Raum im Gespräch einnehmen und nicht zu übersehen sind, sollten Deine Emotionen und Gedanken ganz klar im Vordergrund des Gesprächs stehen. Hinzu gehört auch, wie Du auf die Idee gekommen bist und seit wann Du weißt, dass Dir herkömmlicher Sex nicht das bringt, was Du Dir vom BDSM versprichst. Denn genau das ist ja der Fall, sonst hättest Du diese Neigung nicht entdeckt und würdest nun nicht mit Deinem Partner am Tisch sitzen und darüber philosophieren.

Ein guter Tipp, Gib Deinem Partner nie das Gefühl, dass eure gemeinsamen Momente bisher keine Erfüllung für Dich waren. Dies wäre ein Fehler der ihn verletzen und ihn an sich und seiner Männlichkeit zweifeln lassen würde. Vermittle ihm Deine Wünsche nicht hinter dem Aspekt eines bisherigen Defizits, sondern erkläre ihm, dass eine BDSM Beziehung Dich noch mehr erfüllen und eure gemeinsame Lust perfektionieren würde. Mit dieser Ankündigung hast Du den optimalen Einstieg in euer Gespräch gefunden.

14.2. Bring Deine Phantasie ein

In Deiner Phantasie siehst Du heiße Körper in einem innigen Spiel. Doch in Deinen Formulierungen und Ausführungen wirkst Du trocken, fast spröde. Warum ist das so? Trau Dich, bring Deine Phantasie in den Raum und zeige Deinem Partner, wie leidenschaftlich BDSM allein schon in seiner Erwähnung sein kann. BDSM ist ein Spiel mit der Phantasie und absolut kein Thema, über das Du sachlich und trocken sprechen solltest. Wenn das Vorgespräch schon ohne jeglichen erotischen Input beginnt, kannst Du Dir der gleichen Wirkung einer Session sicher sein. Sofern es nach einem staubtrockenen Gespräch überhaupt zur Session kommt und Dein Partner nicht so lustlos geworden ist, dass jegliche Handlung im Keim erstickt wurde.

Das kann Dir natürlich schwer fallen, wenn Du bisher nicht der große Sprecher zum Thema Sex warst. Doch beim BDSM sind die Gespräche ein wichtiger Faktor und sollten ebenso erotisch behandelt werden, wie das eigentliche Spiel über das Du sprechen willst. Du kannst spezielle Begriffe aus dem BDSM einfließen lassen und solltest Deinem Partner die von Dir gewünschten und in Deiner Phantasie präsenten Emotionen detailliert und auch ein wenig schmutzig beschreiben. Es geht nicht um ein Produkt, welches Du Deiner besten Freundin erläuterst und ihr die empfundenen Vorzüge näherbringen möchtest. Es geht um eine Spielart, die Du mit Deinem Partner erleben und bei der Du zum Höhepunkt kommen willst. Ohne Phantasie, und das kann ich Dir versichern, wirst Du im BDSM keinen Spaß haben und wirst Deine Neigung eher als lästig empfinden. Ganz einfache Beispiele sind Worte, die Du bisher immer umschrieben hast.

Du sprichst von Sex oder noch schlimmer, von Beischlaf oder Kuscheln. Nein! Du willst nicht kuscheln und Du willst auch keinen Sex! Du willst, dass Dein Partner Deinen Körper besitzt, dass er Dich hart nimmt und dass er Dich mit ganzer Leidenschaft fickt. Warum sagst Du es ihm nicht und redest um den heißen Brei herum? Willst Du die Peitsche auf Deinem Körper spüren und wünscht Dir, dass er Dir seine ganze Härte zeigt? Dann sage es ihm und zwar mit diesen Worten. Sieh ihm dabei in die Augen und senke die Stimme, sodass sie besonders erotisch klingt und dass Du ihn wissen lässt, welche Wirkung allein Deine Phantasie bei Dir erzielt. Er kann Deine Erregung in Deinen Augen sehen, kann sie in Deiner Stimme hören und kann spüren, welche Wirkung er selbst bei Dir erzielen wird. Natürlich bringst Du die Phantasie nicht nur im Gespräch, sondern auch im eigentlichen Spiel ein. Doch kannst Du Deinen Partner perfekt auf eine Session vorbereiten, in dem Du schon im Vorfeld seine Wünsche erkennst und sie mit Deiner Phantasie paarst.

Phantasie ist das wichtigste in einer BDSM Beziehung. Eine Session spielt sich, wie Du bereits weißt, nicht in erster Linie auf Deinem Körper ab. BDSM beginnt im Kopf und ist somit ein Teil Deiner Phantasie. Lass Deine Gedanken schweifen und sprich mit Deinem Partner darüber. Zeige ihm Deine erotische Seite und erwecke in ihm die Lust, mit Deinem Körper und mit Deiner Seele zu spielen wie noch nie zuvor.

14.3. Nicht nur reden, lass Taten folgen

Nun habt ihr lang genug geredet! Willst Du BDSM leben, oder willst Du nur darüber sprechen? Wenn Du immer nur redest und Deinem Partner den Mund wässrig machst, hast Du noch nichts erlebt und wirst so schnell auch nicht zu einer Session kommen. Du bist der devote Part und wirst in einer Session nicht agieren können? Das heißt aber nicht, dass Du vor der Session nicht mit Deinen Händen, Deinen Lippen und Deinem Körper das unterstützen kannst, was in der Session auf der Tagesordnung steht. Sage ihm nicht nur was Du willst, sondern zeige es ihm und rege damit seine Phantasie an.

Ihr habt alles vorbereitet, seit euch in der Spielart einig und nun kann es losgehen. Vertraue ihm und vermeide, ihn ständig zu belehren oder ihm gar Anweisungen zu geben. Diese Position steht Dir nur zu, wenn Du der aktive, nicht aber, wenn Du der passive Part der BDSM Session bist. Du kannst ihm jederzeit mit einer Regung Deines Körpers zeigen, was Du Dir wünschst und was Du gerade spüren möchtest. Glaube mir, er wird die Sprache verstehen und darauf viel emotionaler und gieriger reagieren, als es bei einer rein sprachlichen Vermittlung Deiner Wünsche der Fall wäre.

Das Spiel ist für Dich die beste Situation, um Deine Worte zu untermauern und ihm zu zeigen, wie ernst Du das alles meinst und wie wichtig Dir eine BDSM Session ist. Sicherlich wird es am Anfang noch zu einigen Einschränkungen kommen und es wird nicht alles genau so geschehen, wie Du es Dir in Deiner Phantasie ausgemalt und vorgestellt hast. Doch solltest Du keinesfalls eine Kritik äußern, außer sie ist konstruktiv und trägt zur Verbesserung der Session bei. Aber auch hier ist die Kritik anders zu formulieren. Schließlich seid ihr auf einer erotischen Ebene miteinander verbunden und handelt kein Konzept aus, bei dem ihr einen geschäftlichen Deal plant und beispielsweise das Budget für neue Projekte besprecht. Du kannst jeden Wunsch in einem Satz verpacken, der ihn auch als Wunsch erklingen lässt. Sollte Dir etwas nicht gefallen, obwohl es in Deiner Phantasie toll war und ihr es vor der Session besprochen habt, beginnst Du keine Diskussion. Du verwendest das Safeword, welches ihr abgesprochen habt und welches genau dafür da ist. Mit jeder Session steigt Deine Erfahrung und damit auch Deine Möglichkeit, Grenzen zu erkennen und eine Session lustvoll, einzigartig und phantasievoll zu gestalten. Erwarte nie zu viel, wenn Du oder Dein Partner noch keine Erfahrung habt. Er kann ebenso wenig wie Du von Anfang an ein wahrer Meister der Situation sein und erahnen, welche Spielarten Dir die größte Lust bereiten und in welcher Form Dein Körper auf verschiedene Handlungen seiner Person reagiert.

Ohne Taten wirst Du nie erfahren, was Du wirklich willst und was Dich am BDSM begeistert. Damit Deine Lust sich nicht einfach zerredet und irgendwann nur noch eine Geburt Deiner Gedanken ist, solltet ihr euch mit dem Reden nicht länger als notwendig aufhalten. Beginnt mit dem Spiel und lernt beim Spielen, erweitert eure Kenntnisse und lernt eure Körper ganz neu kennen.

14.4. Wie hilfreich sind Pornos?

Männer lieben Pornos und Du weißt das. Auch wenn Du bisher noch nie mit Deinem Partner über einen Porno gesprochen oder seine Neigung zu Pornos in Erfahrung gebracht hast, wirst Du nun um die heißen Filme nicht mehr umhin kommen. Sicherlich ist ein Porno auch im BDSM kein Muss. Für Dich als Newbie ist er aber eine Möglichkeit, richtig zu lernen und im Zuge des Films neue Situationen nachzuspielen und viel intensiver mit Deinem Partner zu spielen. Dabei kann dieser Porno, in dem natürlich und am besten die Spielart eine Rolle spielt, die ihr selbst praktizieren wollt, als Einleitung für eine Session genutzt werden.

Seht euch den Film gemeinsam an und wenn euch währenddessen die Lust überkommt, müsst ihr sie nicht unterdrücken und bis zur Session warten. Ich kann aus Erfahrung sagen, dass heißer Sex vor einer Session für längere Leidenschaft im BDSM sorgt und vermeidet, dass eine Session durch zu starke Erregung früher abgebrochen wird und in innigem Sex endet. Also hilft Dir der Porno gleich doppelt. Er dient als Lehrmaterial und zeigt Dir verschiedene Spielarten mit ihren Besonderheiten. Gleichfalls hilft er aber auch dabei, aufgestaute Erregung abzubauen und Dich vor einer Session schon mit dem Partner zu vergnügen. In der eigentlichen BDSM Session könnt ihr euch dann auf die Details konzentrieren, wegen denen ihr spielt und die Dir den Lustschmerz verschaffen und Deinem Partner seine dominante Rolle zeigen sollen. Wie sich Dom und Sub verhalten, worauf es in der Dominanz und Unterwerfung ankommt, aber auch in welchen Arten ihr spielen könnt siehst Du, in dem Du einen Porno als Lehrmaterial wählst und Dir so Impressionen für Deine Session holst.

Natürlich sind Pornos kein Muss. Doch überlege Dir, Du willst Dich Deinem Partner ausliefern und Dich ihm mit Haut und Haaren hingeben. Und dann scheust Du Dich, mit ihm gemeinsam einen Porno zu sehen? Diese Logik wird sich Dir nicht erschließen und Dich erkennen lassen, dass Du auf den Film nicht verzichten und Dich garantiert auch nicht schämen musst. Sei Dir sicher, auch für Deinen Partner wird das gemeinsame Pornos sehen mit Dir zu einer neuen Erfahrung. Auch wenn er im Bereich Sexfilm garantiert nicht unerfahren ist, hat er mit Dir zusammen noch keinen Porno gesehen und wird sich vielleicht seiner Reaktion und Erektion schämen. Doch warum? Nur weil er glaubt, dass Du ihm böse bist und nicht verstehst, warum er anderen Menschen beim Sex zusieht. Doch schaut ihr gemeinsam, kommt dieses Thema gar nicht erst auf und ihr werdet beide nichts als grenzenlose Lust verspüren und hilfreiche Details für eure Spielart lernen.

Was spricht gegen einen Porno? Meist ist es lediglich ein Funke Moral, der Dir sagt, dass Pornos etwas Unanständiges sind. Doch mit der Moral räumst Du eh auf, wenn Du Deinem Partner Deinen Körper überlässt und Dich auf ein Spiel von Dominanz und Unterwerfung einlässt. Warum also sollten moralische Aspekte Dich davon abhalten, zu lernen und Dich auf eine Session mit einem Porno vorzubereiten? Lass Dir gesagt sein, mit Deinem Partner wird es ein besonderer Moment.

15. Für die Einen bist Du pervers – für die anderen interessant!

Du wirst nach Deinem Outing auf ganz unterschiedliche Reaktionen stoßen und Dich sogar öfter fragen, ob Du nicht wirklich ein Problem hast. Du kannst beruhigt sein, egal was Andere über Dich denken, Du bist ganz sicher nicht pervers und auch nicht psychisch gestört. Doch solltest Du lernen, dass solche Reaktionen Deinen Weg begleiten und Du nicht vor ihnen gefeit bist. Dies kann schon beginnen, wenn Du Deinen langjährigen Partner von Deiner Neigung unterrichtest und bei ihm auf taubes Gehör stößt. Was für Dich ein ganz besonderer Reiz ist und Dein Leben bereichert, wird von vielen Menschen als Perversion betrachtet und würde in ihrem Leben nie einen Platz finden.

Du fragst Dich warum? Kehre in Dich und denke über Deine Aussage nach. Du hast gerade jemandem erzählt, dass Du geschlagen werden willst und dabei Lust empfindest! Für Menschen die Schläge mit Schmerzen und Angst in Verbindung bringen, ist Deine Äußerung mit einer ganz anderen Poente behaftet als für Dich. Vielleicht solltest Du daher besonders gut und lange überlegen, nicht nur wem, sondern vor allem auch was Du von Dir gibst. Spielen die Spielarten wirklich eine Rolle wenn Du jemandem von Deiner Leidenschaft für BDSM erzählen möchtest oder reicht es aus, wenn Du Dich langsam vortastest und nicht ins Detail gehst? Ich kann Dir aus Erfahrung sagen, dass ein langsames Vortasten und in Dein Gegenüber hineindenken die bessere Alternative ist als ein Vorpreschen, bei dem Du ganz unterschiedliche Emotionen auslöst und Dich nicht unbedingt in ein von Dir gewolltes und gutes Licht stellst.

Denke darüber nach und überlege, wie Du auf so ein Outing vor Deinem Bekenntnis zum BDSM reagiert hättest. Wenn Du diese Neigung noch nicht verspürt hast und Dein Partner oder ein Freund hätte Dir von dieser individuellen und wahrlich außergewöhnlichen Leidenschaft erzählt, wärst Du nicht zu Anfang schockiert und entsetzt gewesen? Hand aufs Herz, Du hättest ihn sicher nicht beglückwünscht und neugierig hinterfragt. Da Du nun schon Einiges über Diskretion weißt, kannst Du das Verhalten Deiner Mitmenschen auch steuern. Du willst nicht als pervers bezeichnet und verurteilt werden? Dann setze Dich doch diesem Druck überhaupt nicht aus und nutze das Schweigen für Deinen Selbstschutz. Natürlich kannst Du so auch einige interessante Erfahrungen und Ansichten verpassen, doch sollte Dir die eigene Sicherheit wichtiger sein.

Die wirklich interessanten und auf Deiner Ebene präsenten Menschen lernst Du nicht auf Arbeit oder in Deinem langjährigen Freundeskreis kennen. Die findest Du auf speziellen Events und Partys, aber auch im Internet in einschlägigen Portalen und auf Dating Plattformen. Wenn Du hier das spezielle Web für BDSMler wählst und Dich nicht bei Facebook und Co. mit Deiner neuen Leidenschaft outest, wirst Du nicht auf negative Reaktionen stoßen und kannst einen äußerst positiven Nutzen aus den Dich umgebenden Menschen ziehen. Das heißt nicht nur, dass Du eventuelle Spielpartner kennenlernen und treffen kannst. Auch im gedanklichen Austausch auf virtueller Ebene findest Du unter gleichgesinnten Menschen mehr Anerkennung und auch Impressionen, als es unter Deinen bisherigen Freunden der Fall ist. Sicherlich fragst Du Dich nicht nur einmal, wie Du die Reaktion Deiner Mitmenschen bereits im Vorfeld abschätzen und in Erfahrung bringen kannst.

Da gibt es ein paar einfache Tipps, die Dir einen leichten Vorgeschmack auf eine Reaktion geben und so Deine Entscheidung zur Mitteilung beeinflussen können. Du kannst über einen Film sprechen oder in einer dritten Person über die Leidenschaft sprechen. Anhand der Reaktionen im Freundeskreis siehst Du, ob Du nach einem Outing immer noch akzeptiert würdest oder ob für Deine Mitmenschen eine BDSM Neigung als pervers und krank gilt.

Es gibt keinen Grund warum Du Dich dem Spott und Hohn aussetzen und ein hohes Risiko eingehen musst. Du willst eine Rolle spielen? Dann probiere doch gleich, ob Du ein guter Schauspieler bist und Deinen Freunden von einer Bekannten erzählen kannst, die auf BDSM steht und aus Schlägen ihren Lustgewinn zieht. Wird Deine imaginäre Bekannte von Deinen Freunden belächelt oder gar in der Luft zerrissen, würde es Dir nicht anders gehen. Die imaginäre Freundin kannst Du jederzeit aus Deinem Leben streichen. Dich selbst aber nicht.

Aus diesem Grund ist es durchaus sinnvoll, in einem Testlauf nicht in Deinem Namen zu sprechen und wenn überhaupt, eine nicht existente Person zum Objekt der Neugier oder der Verurteilung Deiner Freunde zu machen. Die imaginäre Bekannte hat keinen Ruf zu verlieren und muss nicht um ihr Image fürchten. Bei Dir als reale Person sieht die Sache schon anders aus. Ich kann Dir aus eigener Erfahrung berichten, dass eigentlich tolerante Freunde in diesem Punkt ihre Toleranz verlieren und hinter Deinem Rücken die wildesten Phantasien über Dich ausleben. Das kann sogar soweit führen, dass Du als leicht zu haben eingestuft oder in der Clique auf einmal härter angefasst wirst. Schließlich stehst Du ja darauf. Du kannst von Außenstehenden nicht erwarten, dass diese zwischen der Leidenschaft beim Sex und deiner realen Person trennen. Es ist also auch nicht verwunderlich, wenn Du grob angepackt wirst und Dein bester Freund meint, Dir damit einen Gefallen zu tun und Dich zum Höhepunkt zu bringen. Es klingt albern, aber es ist so.

In der Vergangenheit wurde BDSM und die Neigung zu Unterwerfung oder Dominanz häufig als eine psychische Störung eingestuft. Menschen die von dieser Neigung berichteten, wurden psychologisch behandelt und galten als fehlorientiert. Daraus hat sich die heutige Einstufung von Perversion ergeben. Dabei wird nicht bedacht, dass Du Deine Neigung nur mit einem Partner teilst, der über die gleiche Neigung verfügt und ebenso den Willen zur Dominanz oder Unterwerfung verspürt. Pervers wärst Du nur, wenn Du ungewollte Handlungen an einer Person gegen deren Willen vornimmst.

Das wäre nicht nur pervers, sondern obendrein strafbar und würde das Recht der persönlichen Freiheit Deines Gegenüber einschränken. Doch das ist bei Dir nicht der Fall. Somit fällst Du komplett durch das gesellschaftliche Schema und solltest Dir solche Sprüche gar nicht zu Herzen nehmen. Orientiere Dich auf die Menschen, die Deine Neigung schätzen, die mit Dir spielen und Dich glücklich machen möchten. Du ersparst Dir eine Menge Ärger und musst nicht in Kauf nehmen, dass Dein Image sich wendet und Du an Anerkennung verlieren wirst.

16. Spielpartner finden – online oder offline?

Vor dieser Frage wirst Du automatisch früher oder später stehen. Du stehst mit deiner Neigung allein da und Dein Partner teilt sie nicht. Ob Du Dich trennst oder bei Deinem Partner bleibst, spielt keine Rolle. Sobald Du einen Spielpartner suchst, musst Du die Punkte zur Diskretion einhalten und trotzdem das Interesse auf Dich ziehen. Du kannst im realen Leben auf die Suche gehen, Veranstaltungen besuchen und Dich in Clubs in Deiner Stadt umsehen.

Hier trittst Du aber nicht nur in Deiner Rolle, sondern von Anfang an mit Deinem realen Ich auf. Einfacher und ohne Dein Gesicht zu offenbaren, kannst Du im Netz auf die Suche nach Gleichgesinnten gehen und einen Spielpartner finden. Du kannst in BDSM Portalen Inserate schalten, kannst Dich auf Inserate als Spielpartner melden, oder ganz unverfänglich neue Kontakte knüpfen. Da Du als Newbie noch nicht über Erfahrung verfügst, solltest Du um Deine kürzlich entdeckte Neigung kein großes Geheimnis machen. Antwortest Du auf eine Annonce oder annoncierst selbst, ist dies ein wichtiger Punkt für das Vertrauen vom und zu Deinem Spielpartner.

Da Du aber nicht nur praktisch, sondern auch theoretisch unerfahren und mit dem Metier noch nicht vertraut bist, solltest Du am besten lose Kontakte knüpfen und wirst nach und nach sympathische Menschen kennenlernen. Anhand der Sympathie und dem Vertrauen, welches Du auch in Foren oder im Email Verkehr aufbauen und festigen kannst, ist die Entscheidung für einen Spielpartner besonders einfach. Du wirst einige Anfragen bekommen und hast selbst die Möglichkeit der Entscheidung, mit wem Du Dich triffst und wessen Angebote Du ablehnst.

Sollte Dir auf Deinem Weg beim Kennenlernen ein Mensch nicht wirklich sympathisch sein oder der reizvolle Funke ausbleiben, möchte ich Dir dringend von einem realen Treffen abraten. Springt der Funke schon virtuell nicht über, kannst Du in der Realität kein loderndes Feuer entfachen und wirst Dir bereits bei Deiner ersten Session ein wenig positives Erlebnis verschaffen. Aber auch ein sympathischer Online Partner kann offline auf einmal gar nicht mehr so nach Deinem Geschmack sein. Sobald sich das kleinste Unwohlsein bei Dir einstellt und Du abbrechen möchtest, brauchst Du es erst gar nicht zu einer Session kommen zu lassen. Es spielt auch keine Rolle, ob Dein gewählter Partner dann sauer auf Dich ist und Dir vielleicht sogar verschiedene Beschimpfungen an den Kopf wirft. Wenn Du nicht möchtest, solltest Du niemandem und auch nicht dem lieben Frieden zu Willen sein und etwas tun, wovon Du nicht gänzlich und in vollem Umfang überzeugt bist. Eine befriedigende und reizende Session erlebst Du nur mit einem Partner, der Dich sowohl optisch, als auch rhetorisch anspricht. Sympathie ist die Basis für Vertrauen und wird sich Dir erst vollständig offenbaren, wenn Du den virtuellen Partner in Dein reales Leben übernommen hast. Gerade bei Online Bekanntschaften sollte Dir klar sein, dass Du nicht die große Liebe, sondern lediglich einen Spielpartner findest. Wenn Du mehr suchst und neben dem BDSM eine feste Beziehung mit Deinem Spielpartner führen möchtest, solltest Du dies bereits im Vorfeld ansprechen und in Erfahrung bringen, ob Dein Gegenüber die gleichen Ambitionen hat und Deine Wünsche erfüllen kann.

Egal ob Du online oder offline auf die Suche nach einem Partner für Dein Spiel im BDSM suchst, klare Fronten sind eine wichtige Voraussetzung für das Gelingen der Session, als auch für Dein körperliches und seelisches Wohlbefinden. Das Schlimmste was Du Dir selbst antun kannst ist der Aspekt, dass die Neugier siegt und Du unbedingt spielen und nicht auf einen richtigen Partner warten möchtest.

Da BDSM sich zuerst und in maximaler Form im Kopf abspielt, könnte dies Deine Lust enorm einschränken und Dich sogar zu dem Gedanken verleiten, dass die Entscheidung für Deine Neigung ein Fehler war. Diese Gedanken kommen nicht selten vor und sind auch nicht auf Dich als Newbie beschränkt. Sie orientieren sich vor allem an einer falschen Partnerwahl oder daran, dass eine Session Dich in den emotionalen Absturz führt. Auch dieser passiert in der Regel nur mit einem Partner, der nicht auf Dich eingeht, Deine Grenzen überschreitet oder Dich körperlich überhaupt nicht anspricht. Gehe nie mit dem Gedanken an eine Session heran, dass es ja nicht zum Sex kommen und der Partner Dir aus diesem Grund nicht gefallen muss.

Auch wenn Du die Penetration in einer Session ablehnst, muss der Partner Dir gefallen und muss Deine Sympathie uneingeschränkt auf seiner Seite haben. Natürlich kannst Du gerade bei Online Bekanntschaften auf einige Probleme stoßen und Dir nie sicher sein, ob Dein Gegenüber im Web die Wahrheit spricht und wirklich dem Bild entspricht, welches Du Dir von Ihm in Deiner blühenden Phantasie malst.

Auch ich habe auf meinem Weg eine Menge Menschen kennengelernt, mit denen ich zwar meine Neigung, nicht aber meinen Lustgewinn teile. Sie zeigten sich beim Kennenlernen online sympathisch und beschrieben sich so, dass ich es auf ein Treffen ankommen ließ. Doch schon auf den ersten Blick konnten viele Kandidaten nicht halten, was sie im Web versprachen. Schlanke und athletische Männer waren auf einmal klein und dick, intelligente und erfahrene Männer waren unerfahren und zeigten sich im Gespräch nicht wirklich als schlaue Partner. In diesen Momenten habe ich ein Treffen immer sofort beendet und die Fronten geklärt, dass nie mehr als vielleicht eine Freundschaft daraus entstehen kann. Wie zu erwarten, haben sich diese Männer nicht mehr bei mir gemeldet und ihr Glück bei anderen Frauen probiert.

Es enttäuschte mich nicht und aus heutiger Sicht muss ich sagen, ich bin sogar sehr froh über meine damaligen Entscheidungen und die daraus resultierende Handlung dieser Männer. Wenn Du offline einen Spielpartner kennenlernst, kannst Du Dir die Überraschung ersparen und weißt von vornherein, ob er in Dein Beuteschema passt und ob er Dein Typ ist. Das heißt natürlich nicht, dass er auch im vorbereitenden Gespräch noch Deiner Vorstellung entspricht und gezielt auf Dich eingeht. Aber die erste Überraschung und Enttäuschung kannst Du Dir ersparen. Am besten nutzt Du beide Optionen und beschränkst Dich nicht nur auf einen Bereich. Aus den zahlreichen Online Bekanntschaften die Du schließt, können sich attraktive Spielpartner auftun und Du kannst in Gesprächen mit Menschen viele Details über BDSM neu erfahren.

16.1. Die ersten Schritte mit einem neuen Spielpartner

Nun steht er vor Dir, der Mann aus dem Deine erotischen BDSM Träume gemacht sind. Am liebsten würdest Du Dir die Kleider vom Leib reißen und vor ihm niederknien, so toll findest Du ihn und so dominant ist seine Ausstrahlung. Vergiss nie, dass Deine Rolle erst nach einem ausgiebigen Gespräch beginnt und Du nicht sofort mit dem Spielen beginnst. Auch wenn es zwischen euch knistert und im Club schon der ein oder andere Kuss zwischen euch getauscht wurde, geht ihr nicht einfach nach Hause und beginnt mit einer Session. Dies hat im BDSM keinen Platz und wäre ein Fehler, der nicht wieder gut zu machen ist und der sich von purer Lust in grenzenloses Entsetzen verwandeln kann.

> ➢ Lerne Deinen neuen Partner kennen.
> ➢ Finde heraus, was er weiß und wie er Dich beglücken kann.
> ➢ Frage ihn nach seinen Erfahrungen.
> ➢ Sprich mit ihm über Deine Wünsche und Bedürfnisse.
> ➢ Denk an das Safeword.
> ➢ Sage ihm detailliert und im Klartext, was Du nicht duldest und welche Spielarten Du ausschließt.
> ➢ Verschweige ihm nicht, dass Dir die Erfahrung fehlt und Du noch neu im Metier bist.
> ➢ Gehe nicht mit ihm zu Dir nach Hause und begleite ihn nicht zu sich.
> ➢ Bestimme selbst einen neutralen Ort, wie beispielsweise ein Hotel.
> ➢ Ehe Du zu einer Session bereit bist, solltest Du Dich mehrmals mit ihm getroffen haben.
> ➢ Gehe nie auf ein Blind Date im BDSM ein.

> Bei der ersten Session solltest Du auf Bondage verzichten.

Dies waren ein paar Grundregeln, mit deren Beachtung Du Dir nicht nur eine Menge Spaß bei der Session, sondern auch mehr Sicherheit verschaffst und grundlegende Risiken ausschließen kannst. Auch wenn Dir Dein Gegenüber sehr vertrauensvoll erscheint, so ist er doch ein Fremder und Du weißt nicht, ob er seine Rolle nur sehr gut spielt, oder Dir in allen Punkten wirklich die volle Wahrheit erzählt. Da schon kleine Lügen im BDSM fatale Folgen haben und Deine Sicherheit gefährden können, solltest Du nicht beim ersten Treffen zu ihm nach Hause gehen oder Dich in Fesseln am ganzen Körper legen lassen.

Am sichersten ist es, wenn jemand weiß wo Du bist. Dabei musst Du nicht erwähnen, dass Du Dich mit einem Spielpartner für eine BDSM Session triffst. Erzähle einer Freundin von einem Date und sage ihr, sie soll Dich in der Nacht zu einer vereinbarten Uhrzeit, oder am kommenden Morgen anrufen. Gehst Du nicht ran, wird eine gute Freundin sich auf die Suche nach Dir begeben und skeptisch werden. Dies ist eine reine Vorsichtsmaßnahme und immer eine Option, die Dich persönlich in Sicherheit wiegt und die Deinem neuen Spielpartner nicht bekannt ist. Durch die Sicherheit die Du Dir schaffst, kannst Du Momente der Angst überwinden und wirst Dich nicht in gefährliche Situationen begeben. Auch wenn es für Dich vielleicht ein wenig skurril klingt und Du Dich fragst, warum Du Dich überprüfen lassen sollst kann ich Dir raten, diese Option in Erwägung zu ziehen und so ein besseres Gefühl für das erste Treffen zu bekommen. Weiß jemand von Deiner Neigung, kannst Du natürlich diesen Menschen problemlos darum bitten.

16.2. Was Du beim ersten Treffen beachten musst

Vor Dir steht ein Fremder. Wie schon erwähnt, kannst Du ihm glauben aber nicht sicher sein, dass er Dir in allen Punkten die Wahrheit sagt. Hast Du diesen Partner online kennengelernt und bereits Einiges über ihn in Erfahrung gebracht, steigt Deine Sicherheit. Es kann durchaus hilfreich sein, sich in einem Portal über einen User zu informieren und so von anderen BDSMlern zu erfahren, welche Erfahrungen sie mit ihm gemacht haben und wie er so im realen Spiel agiert und reagiert. Das erste Treffen solltet ihr an einem neutralen und belebten Ort anstreben. Ihr könnt euch in einem Restaurant treffen und in einer ruhigen und gemütlichen Ecke über alle für Dich wichtigen Dinge sprechen.

Natürlich solltet ihr in der Öffentlichkeit und unter den Ohren anderer Menschen keine Informationen zur Neigung an sich und euren bevorzugten Spielarten austauschen. Aber ihr könnt euch kennenlernen und Du kannst für Dich herausfinden, ob Du Dir mit diesem Partner mehr vorstellen und eine Session ausmalen kannst. Ein erfahrener Partner wird Dich zu nichts drängen und auch nicht auf die Idee kommen, Dich als Neuling gleich am ersten Abend zu einer Session zu überreden und Dich am besten mit zu sich nach Hause nehmen. Erfahrene BDSMler wissen das Vertrauen zu schätzen und legen großen Wert darauf, Dir zu vertrauen und Dein Vertrauen zu spüren. Da sich ein vertrauensvolles Verhältnis als Grundlage aller Spielarten nicht im ersten Augenblick bei einer Begegnung schaffen lässt, nimmt sich ein erfahrener Partner Zeit für Dich und beschließt einen Abend, ohne dass er Dich zu einer Handlung animiert oder etwas von Dir verlangt hat.

Einen wenig vertrauensvollen Partner erkennst Du ebenfalls sehr schnell. Dieser spricht in erster Linie von sich, fragt Dich nur bedingt nach Deinen Wünschen und hat es ziemlich eilig, mit Dir einen ruhigen Ort aufzusuchen und es Dir zu besorgen. Bei einem Partner mit solchen Absichten kannst Du davon ausgehen, dass Du ganz sicher kein Vertrauen aufbauen und auch keinen Lustgewinn erzielen wirst. Gehe nie mit einem Spielpartner mit, der zu schnell zu viel von Dir verlangt und Dir gar nicht die Zeit lässt, Dich auf eine Situation und den neuen Partner einzustellen. Menschen die so reagieren und so hohe Anforderungen an Dich stellen, sind in der Regel selbst mehr als unerfahren und nur auf ein schnelles Abenteuer ohne Rücksicht auf Verluste aus.

Mit solchen Spielpartnern kann Dein gewünschtes Erlebnis nicht eintreten und es steht im Vorfeld fest, dass Du große Enttäuschung erleiden wirst. Ein erstes Treffen ist auch im BDSM nicht anders wie im realen Leben, in dem Du bisher Menschen kennengelernt hast. Du testest Deinen Partner, prüfst die Sympathie und findest heraus, ob Du mit ihm eine Spielpartnerschaft eingehen möchtest. Wenn mehr daraus wird und ihr euch so sympathisch seid, dass daraus sogar eine Spielbeziehung werden kann, müsst ihr die Entscheidung für euch selbst treffen und könnt eine ganz normale Beziehung mit einer besonderen und geheimen Leidenschaft führen. Bleiben Sympathie und Vertrauen beim ersten Treffen aus, kann ich Dir versichern, dass diese sich auch später nicht einstellen würden.

16.3. Vertrauen aufbauen und Phantasien austauschen

Vertrauen ist gut - doch Kontrolle ist besser. Nirgends trifft diese Farce so gut wie im BDSM. Lernst Du einen Partner kennen, kannst Du ihm nicht blind vertrauen und musst erst ein richtiges und sehr intensives Vertrauen aufbauen. Dazu gehört, dass Du Deine Phantasien offen aussprichst und bei ihm ein gutes Gefühl hast. Er muss Deine Wünsche und Bedürfnisse ebenso kennen, wie Du seine Ansichten und Wünsche kennen musst. Nur so kannst Du das notwendige Vertrauen aufbauen und alle Risiken von vornherein ausschließen. Wenn Du im Gespräch unschlüssig wirst oder merkst, er will für Dich und Deine Vorstellung zu weit gehen, kannst Du jederzeit ein Veto einwerfen und wirst an seiner Reaktion merken, ob er Dein Vertrauen verdient.

Ein Partner der es wirklich ernst mit Dir meint und nicht nur auf der Suche nach seinem eigenen Vergnügen ist, wird gezielt auf Dich eingehen und wird Dich mit Deinen Phantasien nicht allein lassen. Er wird sie mit Dir gemeinsam in den schönsten Farben ausmalen und Dich auch darauf hinweisen, wenn er eine Spielart für Dich als Newbie zu gefährlich hält. Er wird einen langsamen Start vorschlagen und es nicht unterstützen, wenn Du Dich mit Deinen Phantasien offensichtlich übernehmen möchtest. Daran erkennst Du einen erfahrenen und für Dich richtigen Partner. Sicher, zu Anfang wird die Neugier und Unsicherheit bei Dir zu gleichen Teilen dominieren.

Du wirst alles auf einmal und gleichzeitig wollen. Hier weißt Dich ein vertrauensvoller Partner in Deine Schranken und zeigt Dir, wie Du wirklich beginnen und was Du erst einmal aufsparen und Dir für später aufheben solltest. Vertrauen ist nichts, was Du aus einem Gespräch heraus hören kannst. Hier ist Dein Bauchgefühl das Signal, auf das Du unbedingt hören solltest. Auch wenn die Neugier überwiegt und Du Dich an der richtigen Adresse glaubst, signalisiert Dir Dein Bauchgefühl etwas Anderes, überhöre es nicht und lasse Dich nie auf einen Partner ein, von dem Dir Deine Intuition abrät. Aus meiner Erfahrung kann ich Dir die Wichtigkeit des Bauchgefühls bestätigen und Dir sagen, dass es mich noch nie getäuscht hat. Habe ich es übergangen und mich gegen mein Bauchgefühl entschieden, hat mich das Bauchgefühl spätestens in der Vorbereitung einer Session erneut eingeholt und ich habe gemerkt, dass ich zu diesem Partner kein Vertrauen aufbauen kann.

Wenn Du Deinem Spielpartner von Deinen Phantasien berichtest und sie blumig umschreibst, siehst Du auch an seiner Mimik den Wohlgefallen und erkennst, ob er der richtige Partner für Dich ist. Steigt er auf Deine Phantasien ein und ihr träumt gemeinsam, stellt sich schnell eine vertrauensvolle Basis ein. Diese kannst Du vertiefen, in dem Du ins Detail gehst und bei Deinem potenziellen Spielpartner auf den Punkt kommst. Stelle ihm Fragen die die Session betreffen, die ihn von seinen früheren Erlebnissen erzählen lassen und die Dir Informationen zu seiner Erfahrung geben. Je länger Du mit einem Menschen sprichst, umso intensiver wird das gegenseitige Vertrauen. Bist Du am Punkt der Bereitschaft zu einer Session mit ihm angekommen, merkst Du das und kannst es ihm im Vertrauen und zum richtigen Zeitpunkt mitteilen.

17. Spielarten für Anfänger und Fortgeschrittene

In der großen Vielfalt an Spielarten wird es Dir doch nicht schwerfallen, genau Deine Vorliebe zu befriedigen und Dich für ein Spiel nach Deinen Wünschen zu entscheiden? Natürlich nicht, denn an der Vielfalt wird es garantiert nicht fehlen. Doch solltest Du als Anfänger genau überlegen, welche Spielarten sich für Dich eignen und Dich langsam an ein Leben im BDSM heranführen. Generell möchte ich Dir für den Anfang von Spielarten abraten, die über die sexuelle Ebene hinausgehen und Dein reales Leben einbeziehen würden. So sind Dom/Sub Spiele im 24/7 Modus nichts für Dich als Newbie und würden Deine Freiheit, Deinen Willen und Dein Denken bis auf ein Minimum einschränken.

Du willst niemandem gehören und Deinen Körper, sowie Deine Seele aufgeben und sie einem Herrn oder einer Domina überschreiben. Du willst die breite Vielfalt des BDSM kennenlernen und das musst Du auch. Immerhin kannst Du ohne eine praktische Erfahrung auf dem Gebiet nicht wissen, was Dich wirklich erotisiert und welche Spielarten Dich abschrecken. Ebenso sind die Risiken in den einzelnen Spielarten unterschiedlich verteilt und sollten Dich dazu anhalten, Dich nur für eine Spielart mit minderem Risiko und Deiner Möglichkeit der Selbstbefreiung zu entscheiden.

Bodymodification und Cutting sind nichts, was Dich als Newbie reizen sollte. In diesen Spielarten geht es nicht um die Unterwerfung, sondern ebenso um eine Verletzung Deines Körpers und um Wunden, die spür- und sichtbar, sowie leicht entzündlich sind. Alles was mit Blut, mit Schnitten oder Nadeln in Deiner Haut zu tun hat, solltest Du noch meiden und erst in Erfahrung bringen, ob Du diese Wünsche überhaupt hegst oder ob Dein Bedarf an Lustschmerz bereits mit anderen Schmerzen gestillt werden kann.

Ebenso ist es wichtig, dass Du eine Atemkontrolle nicht in die Hände eines fremden Spielpartners, oder eines unerfahrenen Partners legst. Das Risiko einer ernsthaften Verletzung ist viel zu groß, als dass Du Dich der Gefahr aussetzen solltest. Um die Atemkontrolle nicht gänzlich von der Agenda zu streichen, eignet sich eine Spielart, bei der Du sie unbewusst selbst steuern und durch eine Maske oder ein leichtes Bondage im Brust- und Halsbereich steuern kannst. Hier übernimmst Du die Kontrolle über Deine Atmung und kannst mit einer Bewegung die Intensität der Abschnürung der Sauerstoffzufuhr steuern. Auch wenn Du die Steuerung in die Hand nimmst, solltest Du Dich nicht selbst überschätzen und schon vor dem ersten richtigen Schwindelgefühl aufhören und Deinen Körper wieder mit Sauerstoff versorgen.

Es ist verständlich das Du Deine Grenzen kennenlernen und Deine Belastbarkeit austesten willst. Sicher wirst Du Dich fragen, warum in den Spielarten zwischen leichten und schweren Spielen unterschieden wird. Einige Spielarten erfordern nicht nur die Kenntnis und Erfahrung, sondern auch eine hohe Portion an Mut und an Kenntnis des eigenen Körpers und seiner Reaktion. Diese kannst Du nur erlangen, wenn Du über Erfahrung verfügst und an Deinen Herausforderungen wächst. Jeder erfahrene BDSMler wird Dir den Rat geben, langsam zu beginnen und die Intensität, als auch die Spielarten nach und nach zu steigern.

Nehmen wir zum Beispiel das Bondage. Als Newbie würde es Dir keinen Lustgewinn bringen, wenn Dein Partner Dich vollständig inklusive Atemkontrolle in eine luftundurchlässige

Folie wickelt und Dich einen langen Zeitraum einfach ausharren lässt. Du willst ein Bondage? Natürlich, das kannst Du auch ohne Erfahrung haben und Dich zwischen dem Bondage in Seilen oder Ketten, sowie einer teilweisen Fesselung oder einem vollständigen Bondage entscheiden. Da Du Deine Reaktion auf die Sedierung nicht kennst und somit die Wirkung nicht abschätzen kannst, ist ein leichtes und keinesfalls zu fest sitzendes Bondage auf jeden Fall zu bevorzugen.

Wenn Du mehr willst, kannst Du Deinen Partner darüber in Kenntnis setzen und er kann Dich intensiver verschnüren oder die angebrachten Seile fester ziehen. Es macht wenig Sinn, wenn Du Dir zu viel abverlangst und so bereits den Spaß an einem Bondage verlierst, ehe Du überhaupt eine richtige und für Dich schöne Erfahrung machen konntest. Eine beliebte und auch für Anfänger nicht ungeeignete Spielart ist das Fisting. Die Spielart setzt voraus, dass Dein Partner die Dehnung beherrscht und Dich auf das Einführen seiner Faust oder Hand ausgiebig vorbereitet. Die Vorbereitung ist nicht nur die Dehnung im praktischen, sondern auch das Gespräch im mentalen Sinne. Bei unsachgemäßer Ausführung dieser Spielart können schmerzhafte Verletzungen und Hautrisse mit der Tendenz zur Entzündung entstehen. Nur wenn Du wirklich bereit bist, wird Dein Partner diese Praktik an Dir vornehmen und Dir dabei ungeahnte Gefühle der Lust bescheren können. Sobald Dir unwohl ist und Du einen nicht mehr lustvollen Schmerz spürst, solltest Du abbrechen und Dich ein andermal für diese Spielart entscheiden. Denn sei Dir darüber im Klaren, dass nicht jedes Spiel an allen Tagen funktioniert. Selbst wenn es nicht Dein erstes Fisting ist und Du das Spiel beim letzten Mal sehr schön empfunden hast, kann es sich bei der nächsten Session anders gestalten und Du machst sprichwörtlich dicht.

Es gibt in Foren und Portalen für BDSMler viele Informationen zu einzelnen Spielarten mit dem Tipp, ob sie für Anfänger oder nur für Fortgeschrittene geeignet sind. Auch wenn eine als leicht und durchaus für Dich als Newbie geeignete Spielart für Dich nicht die gewünschte Emotion bringt oder Dir gar unnötig und nicht gewollt weh tut, solltest Du abbrechen und Dich nicht am Grundsatz der Einfachheit orientieren. Es gibt kein Patent auf eine Spielart und keine Grundregel, die sagt, ob ein Spiel für Dich schön oder nicht schön sein wird. Denn so individuell wie sich die Möglichkeiten beim Spielen im BDSM zeigen, so individuell sind auch die Empfindungen der Menschen hinter einem Spiel. Dabei kommt es sowohl auf Deine persönlichen Bedürfnisse, als auch auf die Ausführung einer Spielart durch Deinen Partner an. Es kann also durchaus vorkommen, dass Dir ein Spiel mit dem einen Partner gefallen hat, bei einem neuen Partner aber nicht die gewünschte und bekannte Wirkung erzielt.

Hier solltest Du nicht die Spielart und ihre Eignung für Dich als Anfänger, sondern die Ursache für Deine Emotionen hinterfragen und herausfinden, was dieses Mal anders war als beim letzten Spiel mit einem anderen Partner. Generell musst Du genau das tun, was Du Dir wünschst und was sich in dem Bereich des BDSM ansiedelt, den Du für Dich gewählt hast. Dies können Spielarten mit oder ohne Penetration, sowie mit oder ohne einem Bondage sein. Auch richten sich Deine Möglichkeiten nach Deinem Partner und seiner Erfahrung, sowie der Häufigkeit mit der Du mit diesem Partner bereits gespielt hast. Bei manchen Spielarten wird ein besonders großes Vertrauen verlangt. Dies hat dann nichts mit Erfahrung in der Spielart zu tun, sondern richtet sich nach der Erfahrung mit dem jeweiligen Partner. Vertrauen im BDSM baut sich durch Gespräche, aber auch durch gemeinsame Erfahrungen auf. Wenn Du mit einem Partner häufiger spielst und Dich praktisch mit ihm einspielst, wirst Du schnell bereit zu neuen Erfahrungen sein und auch schwierigere Spielarten ohne erhöhtes Risiko für Dich wählen können.

In einigen Spielarten sind anatomische Kenntnisse als Grundvoraussetzung zu betrachten. Diese solltest Du mit einem neuen Partner nicht wählen und Dich erst darauf besinnen, den Partner und seine Handlung, seine Emotionen und sein Empfinden Dir gegenüber kennenzulernen. Gleiches gilt auch für Praktiken, die eine enorme gesundheitliche Gefahr für Dich beinhalten können.

NS wirst Du wohl kaum von einem Fremden aufnehmen und Dich so einer Ansteckung mit einer unheilbaren oder schmerzhaften und Deine Lebensqualität beeinträchtigenden Krankheit aussetzen. Aber auch das Spiel mit der Nadel oder einer Rasierklinge birgt die gleichen Risiken, ganz ohne dass Dein Partner Körperflüssigkeiten mit Dir austauschen muss. Darum ist hier besondere Vorsicht geboten und angeraten, dass Du nur mit einem Partner auf diese Weise spielst, der Dir seine Gesundheit per ärztlichem Attest bescheinigen und Dich so in Sicherheit wiegen kann.

Das klingt ungewöhnlich und Du kannst Dir nicht vorstellen, einen Spielpartner nach Krankheiten oder einem Gesundheitszeugnis vom Arzt zu fragen? Dann musst Du umdenken und Dich auf eine ganz neue Situation in Deinem Leben einstellen. Natürlich, beim herkömmlichen Sex hättest Du Dich auch infizieren können. Da Du beim normalen Sex aber nicht verletzt wirst und zum Schutz vor Geschlechtskrankheiten ein Kondom nutzt, ist das Risiko einer Gefährdung Deiner Gesundheit viel geringer als im BDSM. Fühle Dich nicht sicher, nur weil der Austausch von Körperflüssigkeiten bei Dir nicht auf der Agenda steht. Du kannst Dich über eine offene Wunde und Berührung Deines Spielpartners ebenso infizieren und aus dem Spiel heraus eine Erkrankung begünstigen, die Dich dauerhaft begleitet und die nicht nur Dein BDSM Leben, sondern auch Dein reales leben beeinflusst und sich negativ auf Dich auswirken wird.

Neben den Empfehlungen und folgenden Erläuterungen einiger beliebter Spielarten im BDSM solltest Du immer genau überlegen, was Du willst. Nur weil eine Spielart sich für Dich als Newbie eignet, muss sie Dir nicht gefallen und demzufolge auch nicht auf Deiner Agenda stehen. Gleiches gilt natürlich auch für fortgeschrittene BDSMler. Die breite Vielfalt an Spielarten führt dazu, dass sich hinter dem Begriff BDSM sehr viele Neigungen vereinen und sich in unterschiedliche Sparten und Schwierigkeitsgrade einordnen lassen. Wichtig ist, dass Du vor einer Session alle theoretischen Informationen über die Spielart sammelst und so genau prüfen kannst, ob das Spiel Deinen Wünschen entspricht und zu Deinen BDSM Vorstellungen und Neigungen passen wird.

17.1. Atemkontrolle

Die Atmung ist Dein wichtigster Faktor um Reaktionen zu erzeugen, sie zu unterbinden oder nicht in Panik zu verfallen. Übergibst Du die Kontrolle Deiner Atmung an Deinen Partner, kann sich dies durchaus positiv auf Dein erotisches Empfinden und Deinen Lustgewinn auswirken. Dabei solltest Du die Atemkontrolle nur einem Partner überlassen, dem Du blind vertraust und der Dir die Atmung nicht vollständig raubt. Anhand verschiedener Praktiken hast Du die Möglichkeit, die Intensität der Atemkontrolle selbst zu bestimmen und eine für Dich akzeptable Methode zu wählen. Fakt ist, eine Atemkontrolle darf nur mit Deinem ausdrücklichen Einverständnis erfolgen. Auch wenn es eine beliebte BDSM Praktik ist, grenzt diese Spielart durchaus an Körperverletzung und kann bei unfachmännischer Ausführung zum Tod führen.

Sicherheitsvorgaben müssen im Vorfeld abgesprochen und bei dieser Praktik zu 100 Prozent eingehalten werden. In den Techniken kann Dein Partner zwischen der Atemkontrolle per Hand, einer Maske, oder auch anhand der eingeschränkten Bewegung Deines Oberkörpers wählen. Nur wenn Du der Praktik zustimmst, darf er sie bei Dir anwenden und muss aufmerksam auf Dich und Deine Reaktionen achten. Wird in dieser Praktik eine Grenze überschritten, ist die Gefahr nicht abzuschätzen und kann nicht nur einen vorübergehenden, sondern auch dauerhaften körperlichen und psychischen Schaden nach sich ziehen.

Nur erfahrene Partner mit anatomischen und psychologischen Kenntnissen sollten die Atemkontrolle als Spielart in Erwägung ziehen und Dir im Vorfeld erläutern, wie gefährlich das Spiel mit der Kontrolle Deiner Atmung ist. Es geht nicht darum, Dir vorübergehend die Nase zuzuhalten oder Dir eine leicht luftdurchlässige Maske aufzusetzen. Hier kannst Du bedenkenlos mitspielen und wählst ein sehr marginales und von Dir abschätzbares Risiko. Anders sieht es bei Gas- und Atemmasken aus, die speziell für die Atemkontrolle im BDSM entwickelt wurden. Mit einem schwachen Kreislauf kann das Aufsetzen einer Maske Dich nahtlos vom gewünschten Dämmerzustand in die Bewusstlosigkeit führen.

Im BDSM wird bei der Atemkontrolle die Unterversorgung Deines Blutes mit Sauerstoff angestrebt. Gleichzeitig erhöht sich der Gehalt an Kohlendioxyd, welches für eine Ausschüttung von Adrenalin sorgt. Absehen solltest Du von allen Würge- und Hängespielen, bei denen nicht nur der Sauerstoffgehalt im Blut reduziert, sondern auch ein bleibender Schaden im Gehirn begünstigt werden kann. Ebenso sind Verletzungen der Wirbelsäule nicht ausgeschlossen und können Dein Leben auf Dauer verändern und die Beweglichkeit für Dich einschränken oder gänzlich unmöglich werden lassen. Generell wird die leichte Atemkontrolle im BDSM gerne mit anderen Spielarten kombiniert und führt zu einer Ausschüttung an Adrenalin. Solange Du Dich der Kontrolle problemlos entziehen und Luft holen kannst, steht einer Atemkontrolle nichts im Wege.

Wenn Dein Partner Dich allerdings an einem Seil aufhängen und so die Luftzufuhr zu Deinem Gehirn kappen möchte, solltest Du ablehnen und Dich auch mit Erfahrung in der Atemkontrolle nicht auf das Spiel einlassen. Gleiches gilt bei enorm langem Untertauchen unter Wasser. Reagiert Dein Partner nicht rechtzeitig und Du schluckst Wasser, kannst Du auch im Waschbecken oder der Badewanne während der Session ertrinken. Da Du während einer Atemkontrolle kein Safeword aussprechen und Dich verständlich machen kannst, sind blindes Vertrauen und ein abgesprochenes Zeichen von großer Wichtigkeit.

17.2. Bodyart / Bodymodification

Bist Du tätowiert oder gepierct, hast Du mit Bodyart und Bodymodification bereits Erfahrung gemacht. Doch besteht ein Unterschied zwischen einem professionell gemachten Piercing und einem Spiel, bei dem Dir die Nadel zum Lustgewinn unter die Haut geschoben wird. Der Piercer und Tätowierer kennt sich in der Anatomie des menschlichen Körpers aus und weiß, wo auszusparende Nervenbahnen verlaufen und wie tief er die Nadel in Deine Haut einbringen kann.

Viele Menschen und das kann ich Dir aus eigener Erfahrung sagen, verspüren beim Piercen oder Tätowieren einen erotischen Reiz und schließen die Augen, wodurch sie sich in eine andere Situation bringen und sich nicht mehr beim Tätowierer oder Piercer, sondern mitten in einer Session befinden. Nicht selten ist ein Besuch beim Tätowierer auch mit einem anschließenden erotischen Erlebnis verbunden und führt Dich in die Welt, die Du während seiner Arbeit bereits in Deiner Phantasie bereist hast. Dabei spielt die Stelle an der die Nadel gesetzt wird eine sehr wichtige Rolle auf die Auswirkung der Lustschmerzen. Ein Tattoo im Intimbereich wird nicht nur bei Dir, sondern auch bei Deinem Tätowierer für grenzenlose Erregung sorgen und ist meist eine Grundlage für intensiven Sex, den Du im Anschluss mit ihm haben und bei dem Du Dich zurück in die Welt der Schmerzen begeben wirst.

Im BDSM haben Bodymodification und Bodyart längst einen festen Platz eingenommen. Da Dein Spielpartner aber in den seltensten Fällen Mediziner, Tätowierer oder ausgebildeter Piercer ist, solltest Du Dich als Newbie nicht auf diese Spielart einlassen. Jede Verletzung Deiner Haut kann für Dich zwar mit einem starken erotischen Reiz und grenzenloser Geilheit, aber auch mit einer Infektion durch die Eintrittswunde einhergehen. Während die Bodymodification beim Piercer oder Tätowierer der dauerhaften Veränderung und Verschönerung Deines Körpers dient, ist sie im BDSM nur auf den Lustgewinn ausgerichtet.

Somit werden Nadeln oder Haken gelegentlich auch tiefer in der Haut eingebracht und es wird fokussiert, dass beim Spielen Blut fließt. Auch hier gilt, nur was Du möchtest, darf Dein Partner an Dir vornehmen. Anderenfalls und gegen Deinen Willen würde er sich der Körperverletzung strafbar machen. Im BDSM gilt Bodymodification zwar als gängige Praxis, wird aber auf grenzwertiger Ebene betrachtet. Nicht alle Menschen mit einer Neigung zur harten Gangart wären bereit, ihrem Körper sichtbare Narben zufügen zu lassen und sich der Gefahr einer Infektion durch mangelnde Sterilität auszusetzen. Sterile Nadeln, sowie eine desinfizierte Oberfläche Deiner Haut sind Grundlagen für dieses Spiel.

Da Du beim BDSM aber eine Menge Schweiß entwickelst und dieser in die offenen Wundkanäle eindringt, kann die Hygiene und Sterilität nie zu 100 Prozent eingehalten und wie im professionellen Studio beim Piercer oder Tätowierer geboten werden. Als Newbie solltest Du Dich nicht zu diesen Spielen mit der Nadel inspirieren lassen und Dich, wenn der Wunsch sich in Dir manifestiert, genau informieren und belesen. Du wirst auch in BDSM Foren und Portalen nicht sehr viele Menschen finden, die bereits Erfahrung mit dieser Spielart haben und Dir darüber berichten können. Bodymodification gehört zu den gefährlichsten Spielarten und zu den Details, die sehr viel Erfahrung und Medizinkenntnis voraussetzen.

17.3. Bloodspots und Cutting

Diese Spielart spreche ich nur an, da sie zu den gefährlichsten Praktiken überhaupt im BDSM gehört. Wenn Du von Bloodspots oder Cutting hörst, solltest Du Deinem Spielpartner eine klare Aussage Deiner Meinung vermitteln. Bezeichnet werden mit diesen Begriffen Schneidespiele, die Deine Haut mit einem Messer, einem Skalpell oder einer Rasierklinge verletzen und dauerhafte Narben nach sich ziehen. Von der Gefahr einer Infektion mit Aids oder weiteren Krankheiten muss ich gar nicht sprechen. In der Regel wird Cutting in einer Spielart nur dann verwendet, wenn der passive Part eine Tendenz zur Borderline Störung hat und das Cutting allein als Lustgewinn und Erleichterung sieht.

Die Wirkung beim Cutting kann ich Dir folgendermaßen beschreiben. Jeder in der Haut gesetzte Schnitt bringt Dich dem Partner ein Stück näher und lässt alle schlechten Gedanken und Emotionen aus Deinem Körper entweichen. Sie fließen mit dem Blut aus Dir heraus und tropfen auf den Boden. Hierin begründet sich auch die Tatsache, dass Cutting durchaus für einen Lustgewinn sorgen und im BDSM zum Einsatz kommen kann. Doch würde ich persönlich das Spiel mit dem Messer nicht mehr als Spielart, sondern als wirkliche Begleiterscheinung einer psychischen Erkrankung bewerten.

Bei allen BDSM Spielarten kommt es darauf an, für die Mitmenschen unsichtbare Verletzungen zuzufügen und die Lust über den Schmerz zu steuern. Doch jeder Schnitt in der Haut, sei er auch noch so klein und flachgesetzt, bildet eine Narbe und bleibt dauerhaft auf dem Körper sichtbar. Menschen die am Cutting einen Lustgewinn erkennen und diese Praktik für sich bevorzugen, haben ein tiefer sitzendes Problem und wollen nicht spielen, sondern sich in die schmerzhafte Abhängigkeit eines Partners begeben und ihr Leben, aber auch ihren Tod und ihre Emotionen in dessen Hände legen. Es gibt keine abgeschwächte und für Anfänger taugliche Form beim Cutting.

Ein Schnitt in der Haut ist und bleibt eine Wunde, auch wenn er sehr klein und vielleicht nur in der Oberhaut eingebracht wurde. Wenn Du den Bedarf nach dieser Spielart verspürst, kann dies ein Indiz für eine Tendenz zu Borderline sein und sollte nicht über BDSM, sondern über einen Psychologen definiert werden. Ein vertrauensvoller Partner würde Deinem Wunsch nie zustimmen und sich nicht bereiterklären, Deinen Körper mit diesen dauerhaft präsenten Narben zu verzieren und Dich den gesundheitlichen Risiken die das Cutting begleiten, aussetzen. Wenn ein Partner Dir gegenüber diesen Wunsch äußert, solltest Du von einer Session mit ihm absehen. Er würde sich unweigerlich als realer Sadist entpuppen und kann zwischen der Rolle und dem realen Leben nicht wirklich unterscheiden.

Paare die in ihren Sessions das Cutting einbeziehen, sind meist sehr tief in einem psychologischen Problem verstrickt. Dies betrifft nicht nur den passiven, sondern ebenso oder vor allem den aktiven Part. Auf BDSM stehen und die Neigung ausleben heißt nicht, sich der körperlichen Folter durch Schnittwunden auszusetzen und blutige Spuren in die Haut zu bringen. Gleiches gilt das Branding, welches sowohl in dieser Rubrik, als auch in der Bodymodification eingebracht werden kann. Die Gefahr ist so groß, dass sie in keiner Relation zum Lustgewinn in einem BDSM Spiel stehen kann.

17.4. Wachsspiele

Heißer Kerzenwachs auf Deiner Haut kann Dir einen so sinnlichen Schmerz verschaffen, dass Du Deine Lust nicht mehr zügeln und Dich unter den Händen Deines Partners winden wirst. Wachsspiele kannst Du als Newbie bedenkenlos in Deine Session einbauen und gehst durch das heiße Kerzenwachs auf Deiner Haut kein gesundheitliches Risiko ein.

Einige Details gibt es aber schon zu beachten, sodass die Auswahl der Kerzen mit Bedacht getroffen und sich auf Naturprodukte beschränken sollte. Vor allem weiße Kerzen bieten sich an und produzieren einen nicht so heißen Wachs wie Kerzen, die mit einem Farbstoff versehen oder gar mit Duftstoffen gefertigt sind.

Für Wachsspiele sind Kerzen aus Bienenwachs oder Stearin geeignet. Beim Kauf solltest Du darauf achten, dass die gewählten Kerzen keine Zusatzstoffe enthalten. Das Wachs selbst wird Deinen Lustgewinn steigern und Dir ein bisher nicht gekanntes, einzigartiges und sehr angenehmes Gefühl bescheren. Enthält die genutzte Kerze aber Öle und Duftstoffe, erhöht sich die Temperatur des Wachses und es kann zu allergischen Reaktionen oder leichten Verbrennungen auf Deiner Haut kommen. Wieso einige Kerzen heißer werden als Andere fragst Du Dich? Ganz einfach, Bienenwachs und Stearin haben eine viel geringere Schmelztemperatur als andere Materialien. Während der natürliche Wachs auf Deine Haut tropft, kühlt er bereits unterwegs durch die Luft ab und kommt mit einer Temperatur bei Dir auf, die zwar einen Lustschmerz, aber keine bleibenden Verbrennungen hinterlässt.

Bei ölhaltigen Kerzen oder einer Kerze mit Farbstoffen ist das anders. Das Wachs selbst kühlt sich zwar auf dem Weg bis zu Deiner Haut ab, das Öl aber bleibt auf identischer Temperatur und prallt mit seiner vollen Schmelztemperatur im sehr flüssigen Zustand auf Deinem Körper auf. Vor allem auf der empfindlichen Haut des Dekolletees oder dem Bauch, aber auch in Deiner Intimregion können die Schmerzen somit nicht mehr lustvoll, sondern brennend und von langer Dauer sein. Sinn und Zweck bei Wachsspielen ist kein dauerhafter Schmerz, sondern der kurze Kick in dem Moment, in dem der Wachs Deine Haut berührt und sofort fest wird. Wachsspiele kannst Du mit verschiedenen Spielarten kombinieren und sie als Vorspiel, aber auch als Hauptelement einer Session einbauen.

Dein Partner kann Dich in ein Bondage legen und den heißen Wachs auf Deinen bewegungsunfähigen und ihm willenlos ausgelieferten Körper tropfen lassen. Die Kombination dieser Spielarten hat sich als besonders lustfördernd erwiesen und ist nur zu empfehlen. Welche Regionen Deines Körpers vom Wachs benetzt werden sollen, legt ihr im Vorfeld fest und klärt in einem Gespräch, welche Intensität Du Dir bei einem Wachsspiel erhoffst und welche Wirkung Du schätzen würdest. Dein erfahrener Partner geht darauf ein und wird den Wachs auf Deinem Körper so platzieren, dass der gewünschte Lustgewinn etappenweise und mit steigender Tendenz eintritt.

Wachsspiele gehören zu den BDSM Praktiken, bei denen Du keinerlei Risiken für Deine Gesundheit eingehst. Weiße Kerzen aus natürlichem Wachs oder Stearin eignen sich besonders und vermeiden, dass die Spielart bleibende Zeichen auf Deiner Haut hinterlässt oder zu einem länger anhaltenden brennenden Schmerz führt. Auch einen unerfahrenen Partner kannst Du in Wachsspiele einweihen und ihm Deinen Körper zum Spielen übergeben.

17.5. Waterbondage

Über Waterbondage kursieren viele Gerüchte und eine große Bandbreite an falschen Ansichten und Vorstellungen. Waterbondage heißt nicht, dass Du an der Decke aufgehängt und im gefesselten Zustand mit einem Gartenschlauch mit eiskaltem Wasser abgespritzt wirst. Auch wenn Dir manche Filme oder auch Informationen im Internet genau diesen Aspekt suggerieren, solltest Du Dich nicht in die Irre führen und von diesem Fehler leiten lassen.

Was ist Waterbondage?
Wie der Name eigentlich vermuten lässt, ist es ein Bondage, welches Dir direkt im Wasser angelegt wird. Hier gibt es nicht nur verschiedene Praktiken und Möglichkeiten, sondern auch einfache, mittlere und nur für Fortgeschrittene geeignete Methoden.

Beim Waterbondage kann Dich Dein Partner im Pool oder in der Badewanne fesseln und Dich in die von ihm gewünschte Position bringen. In der Regel bist Du mit dem Kopf nur so weit über Wasser, dass Du problemlos Luft bekommst und nicht ertrinken wirst. Von einem Bondage im zu tiefen Wasser ist allerdings abgeraten, da mit der Wassertiefe auch die Gefahr des Ertrinkens steigt und Du tiefer in das Wasser rutschen könntest, als es für die Session eigentlich geplant war. Als Tipp möchte ich Dir ans Herz legen, dass Du Dich auf keine Spielart beim Waterbondage einlässt, bei der Dein Partner Dich über einen längeren Zeitraum allein lässt. Glaube mir, auch in einer Badewanne kannst Du ertrinken und hilflos untergehen, wenn Du Dich in Deinem Bondage nicht bewegen und so nicht selbst den Weg zur Wasseroberfläche finden kannst.

Zum Spiel gehört dazu, dass Dein Partner Dich in diesem Zustand allein lässt und für eine Zeit aus dem Raum geht. Du kannst auf seine Anwesenheit bestehen und Dir so eine Sicherheit verschaffen, dass Du garantiert nicht untergehen und Wasser schlucken kannst. Ein besonderer Reiz ist das Waterbondage auch ohne die Disziplinierung durch das Alleinlassen des passiven Parts im Wasser. Dein Partner kann die Badewanne bis unter Deine Nasenspitze mit Wasser füllen und Dich im gefesselten Zustand ausharren lassen, ohne dass Du tiefer in die Wanne gleitest und so automatisch Wasser atmen würdest. Da er auf Deinen Wunsch hin dauerhaft im Raum ist, kann er jederzeit einschreiten und Wasser aus der Wanne lassen, beziehungsweise Dich nach oben rücken und Dich so mit der Nase wieder über die Wasseroberfläche bringen.

In Kombination mit einem gewünschten Tauchgang sorgt ein Waterbondage für einen echten und sehr starken Adrenalinkick. Hier solltest Du Deinem Partner blind vertrauen und Dich darauf verlassen können, dass er Dich nach der im Vorfeld besprochenen Zeit wieder über Wasser zieht. Um dieses Spiel zu genießen und den Lustgewinn zu verspüren, sollte Dir die Zeit für die Du den Atem anhalten kannst bekannt sein. Anderenfalls würdest Du Wasser schlucken und anstelle von Adrenalin durch Lust, die pure Panik und wirkliche Todesangst spüren. Beim Waterbondage gibt es nicht viele Spielarten, die Du direkt mit dem Bondage kombinieren kannst. Dein Partner kann Dich zwar hart nehmen oder Dich im Gesicht mit Wachs benetzen, aber er kann Dich nicht peitschen, kann Deine Position nicht verändern und wird Waterbondage daher ausschließlich als bevorzugtes Vorspiel einbringen.

17.6. Fisting

Fisting ist das Non Plus Ultra zu allen Sexpraktiken. Du wirst erstaunt sein, wie dehnbar Dein Anus und Deine Vagina sind und wie Du es genießen wirst, den Arm oder die Faust Deines Partners in Deinem Körper zu spüren. Ehe Du Dich für ein Fisting bereiterklärst, muss die Vertrauensfrage geklärt sein. Dein Partner wird mit seiner Hand nicht nur an, sondern in Deiner Intimzone spielen und wird Dich dehnen, Deine Gebärmutter berühren oder den Arm tief in Deinen Darm schieben. Klingt das für Dich reizvoll und Du willst mehr als nur seine pralle Männlichkeit in Deinem Körper spüren, wird Fisting Dich in unbekannter Lust schreien und die Gier auf den Partner erhöhen lassen.

Ein Fisting heißt nicht, dass der Partner unbedingt mit der geschlossenen Faust in Deine Körperöffnungen eindringt. Er kann auch die geöffnete Hand nehmen und so in Deinem Körper mit Dir spielen. Um aber überhaupt ohne Verletzung in Deine engen Öffnungen zu gelangen, benötigst Du eine Menge Gleitgel, Vertrauen und Dehnplugs in verschiedenen Größen. Ohne eine vorangegangene Dehnung solltest Du einem Fisting in keinem Fall zustimmen.

Dein Partner hätte keine Chance, mit seiner Hand Deine Öffnungen so zu weiten, dass er ohne Probleme eindringen und die gesamte Hand in Deinen Körper schieben könnte. Auch wenn Du Dich sperrst oder Dich vor seiner Faust fürchtest, wird Dir diese Praktik keine Lust, sondern nur Schmerzen und einen Dammriss bescheren. Bereits beim Dehnen mit einem Plug oder einem aufpumpbaren Ball für Dehnungen merkst Du, ab welcher Weite es für Dich vom Lustschmerz zu einem echten Problem wird. Bist Du nicht bereit, gib Deinem

Partner ein Zeichen und beendet das Spiel. Die häufigste Ursache für Verletzungen beim Fisting oder eine Sperrung Deinerseits ist der Aspekt, dass ihr euch für die Dehnung nicht ausreichend Zeit gelassen und zu wenig Gleitgel aufgetragen habt. Die Dehnung sollte schrittweise erfolgen und nie zu viel von Deinen engen Öffnungen verlangen. Reißt der Anus oder Deine Vagina bereits während einer zu schnellen Dehnung ein, dann wird das Fisting in dieser Session ausbleiben und Du wirst einen brennenden Schmerz verspüren.

Dieser ist für Dich ein sicheres Zeichen, dass Deine Haut bereits leichte Verletzungen hat und von kleinen, mit dem bloßen Auge nicht einmal sichtbaren Rissen gezeichnet ist. Um durch die Faust einen wirklichen Lustgewinn zu erzielen, muss Deine Unterwerfung und der Drang nach einer Erniedrigung stark ausgeprägt sein. Du darfst Dir das Fisten keinesfalls als Sex mit einem größeren Fremdkörper vorstellen, sondern musst es als das sehen, was es in Wirklichkeit ist. Dein Partner wird Dir mit seiner Faust seine Macht und Stärke demonstrieren und berührt Dich an Stellen, die Du noch nicht einmal bei der Selbstbefriedigung erreicht hast.

Du wirst eine Erniedrigung spüren, liegst Du mit gespreizten Beinen vor ihm und siehst seinen Arm in Deinem Körper verschwinden. Auch das im Anschluss präsente Geräusch der entweichenden Luft aus Deiner enorm gedehnten Öffnung wird Dich beschämen und kann Dich rot anlaufen lassen. Nur wenn Du wirklich devot bist, wirst Du beim Fisten Freude empfinden und die extreme Lust genießen.

17.7. Gender Play

Im Gender Play gibt es zahlreiche Möglichkeiten, wobei eine Spielart besonders bevorzugt und auch für Dich in den Vordergrund rücken wird. Dein Partner kann Dich als passiven Part in jede Rolle seiner Wahl bringen und Dich als alte Frau oder als Schulmädchen behandeln. In der Regel wird das Schulmädchen bevorzugt, wenn Du als weiblicher, passiver Part agierst. Im umgekehrten Fall kannst Du durchaus die alternde Zofe sein, die den ungehorsamen Schuljungen zur Raison bringt und ihm zeigt, wie weit er mit seinen ungebührlichen Frechheiten Dir gegenüber kommt. Generell nimmt der passive Part immer eine Rolle in einer anderen Altersgruppe ein, während der aktive Part diese zwar einnehmen kann, es aber nicht muss.

Besonders viel Spaß beim Gender Play entsteht allerdings, wenn ihr beide euer Alter ablegt und euch in ein Rollenspiel mit veränderten Charakteren begebt. Dabei kannst Du das ungehorsame und notgeile Schulmädchen sein, welches vom Lehrer oder einer anderen ihm nahestehenden Person gemaßregelt und auf den rechten Weg geführt werden soll. Dabei kommen der Rohrstock, die Peitsche und spezielle Kostüme zum Einsatz. Als Schulmädchen trägst Du bestimmt Zöpfe, einen kurzen Rock und versteckst Deinen Busen unter einem sehr engen Shirt. Dein Meister wird Dich über sein Knie legen und Dir standesgemäß den Hintern versohlen.

Als lüsternes Schulmädchen wirst Du nur bedingt entsetzt sein und bei der Berührung seiner Hand per Spanking, oder den Schlägen mit einem Hilfsmittel richtig auf Touren kommen. Je mehr Du Dich windest und Deiner Gier erliegst, umso härter wird die Bestrafung ausfallen. Erst wenn Du wie ein kleines Mädchen wimmerst und um Vergebung bittest, wirst Du diese von Deinem Meister auch erhalten. Zum Dank für seine Gnade mit Dir kann er von Dir verlangen, wonach immer ihm der Sinn steht. So lässt sich das Gender Play mit weiteren Spielarten verknüpfen und ist eine optimale Situation für Fisting, für einen Golden Shower oder den Keuschheitsgürtel.

Auch ein Blowjob bei dem nicht Du, sondern Dein Herr die dominante Rolle übernimmt kann ein weiterführendes Detail zum Gender Play sein. Nachdem er Dich gezüchtigt und Dir gezeigt hat, welche Macht er über Dich ausübt, wirst Du sehr fügsam auf seine Forderung reagieren und ihm jeden Wunsch erfüllen. Anderenfalls weißt Du, dass er Dich wieder über sein Knie legen oder Dich auch in einem dunklen Raum einsperren und Dich zum Nachdenken allein dort lassen kann. Beim Gender Play handelt es sich um ein Spiel mit den altersbedingten Urängsten, die Du automatisch während der Session entwickelst.

Auch wenn Du in Deinem Verhalten kein kleines Schulmädchen mehr bist und Dich weder vor Dunkelheit noch vor Deiner eigenen Courage fürchtest, wird Dein Meister mit Deinen Emotionen spielen und Ängste in Dir erzeugen, die Dir den besonderen Kick verleihen und Deine Leidenschaft schüren. Bist Du der dominante Part, wirst Du als erfahrene und strenge Zofe, als Krankenschwester mit sadistischer Neigung, oder auch als dominante Chefin für Deinen Untergebenen sorgen und ihm zeigen, dass man so nicht mit Dir umgehen kann. Beim Gender Play sind Deiner Phantasie im Spiel überhaupt keine Grenzen gesetzt und vorgegeben.

17.8 Pet Play

Das Pet Play dient der Erziehung und setzt von Dir als passivem Part voraus, dass Du blinden Gehorsam zeigst und Deinem Partner keinen Wunsch abschlägst. Er legt Dich an die Leine, lässt Dich auf dem Fußboden aus einer Schale trinken und Essen, kann von Dir den Schlaf auf dem kalten Fußboden verlangen und Dich sogar dressieren. Wie weit Du beim Pet Play gehen möchtest, musst Du vor einer Session in klaren Sätzen zum Ausdruck bringen. Denn solch eine Erziehung hat viele Facetten und ist dabei eine Praktik, welche auch eine Vorführung in der Öffentlichkeit nicht ausschließt und von Dir einen Spaziergang an der Leine durch den Park neben Deinem Haus verlangen kann.

Möchtest Du nur zu Hause spielen und mit dem Pet Play langsam beginnen, gehören vor allem die Leinenführigkeit und die strikte Konzentration auf Deinen Partner zu Deinen Aufgaben. Du tust was er sagt, widersprichst nicht, isst auf dem Fußboden und schläfst vor seinem Bett. Er kann Dich in allen Punkten kontrollieren und kann bestimmen, ob und wann Du Dich erleichtern darfst. Geduld und eine hohe Konzentration sind für Dich als Pet von großer Wichtigkeit. Denn sei Dir sicher, wenn Du eine Pfütze auf den Teppich machst oder in seiner Abwesenheit den Weg zur Toilette gehst und er es bemerkt, wird Dich eine nicht zu unterschätzende Bestrafung ereilen. Da Du die Intensität des Spiels selbst bestimmen kannst, eignet sich Pet Play auch für Dich als Newbie. Sieh von einer öffentlichen Vorführung im Club oder einem Spaziergang im Freien ab und nutze die Optionen, die sich in Haus und Wohnung bieten.

Je gehorsamer und duldsamer Du bist, je länger Du natürliche Bedürfnisse unter Kontrolle halten und dem Dom Dein Wohlverhalten beweisen kannst, umso höher wird die Belohnung für Dich ausfallen. Erziehung als Pet geht immer mit Zuckerbrot und Peitsche einher. Bist Du gehorsam und ein liebes Haustier, wird Dich Dein Meister loben. Entspricht Dein Verhalten nicht seiner Vorstellung von einer guten Erziehung, wird er Dich auf unterschiedlichen Ebenen bestrafen. Die Strafe können Schläge, Nichtachtung, eine Nacht auf dem Fußboden, oder die Befestigung mit Deiner Kette am Halsband an der Heizung sein. Wenn Du Dich auf ein Pet Play einlässt, gibst Du als passiver Part, also als Pet, jegliche Würde als Mensch ab und bist ganz auf die Gunst und den Wohlwollen Deines Herrn angewiesen. Die totale Erniedrigung auf körperlicher und psychischer Ebene ist Dir bei dieser Praktik sicher, selbst wenn Dein Partner Dich nicht mit Peitschenschlägen bedenkt und Dich auf der mentalen Ebene züchtigt. Du läufst auf allen Vieren, Du sitzt beim Essen nicht am Tisch und Du entscheidest nicht selbst, wann und ob Du auf Toilette musst.

Wenn Du Dich für Pet Play interessierst, sollte Dir die generell nicht vorhandene Menschenwürde im Spiel bereits im Vorfeld bewusst sein. Du möchtest als Tier passiv Deinem Herrn dienen und Dich seinem Willen unterordnen? Dann wirst sowohl Du, als auch Dein Spielpartner einen hohen Lustgewinn aus dem Pet Play ziehen und euch eine Spielart mit besonderen Reizen und vielen Möglichkeiten wählen lassen.

17.9. Golden Shower / NS

NS - Natursekt, Golden Shower und welche Namen es noch alles für diese Spielart gibt. Du wirst den Begriff bereits kennen und wahrscheinlich auch wissen, dass es sich bei NS generell um Urinspiele handelt. Die Intensität kann unterschiedlich sein und von Dir verlangen, dass Du Dich dem Regen des Urins Deines Dom aussetzt, oder sogar bereit und in der Lage bist, ihn zu trinken. Die Spielart ist auch für harte BDSMler grenzwertig und sicherlich nichts für Dich, wenn Du ein Ästhet bist und die grenzenlose Demütigung nicht auf Deiner Agenda hast. Denn NS dient nicht etwa Deinem Lustgewinn durch die Aufnahme des Natursekt, sondern dem Lustgewinn durch die totale Unterwerfung und Erniedrigung.

Egal ob Dein Dom Dich zur Aufnahme zwingt oder ob er den Urin über Deinen Körper und Dein Gesicht laufen lässt, Du wirst richtig erniedrigt und wirst Deinen Wert bei dieser Spielart gen Null setzen.

Um Dich auf NS einzulassen, musst Du dem Spielpartner richtig vertrauen und Dir auch über seine Gesundheit im Klaren sein. Da es sich um ein Spiel mit Körperflüssigkeiten handelt, solltest Du keinerlei Risiken eingehen und Dir die Bescheinigung seiner Gesundheit vom Arzt aufzeigen lassen. Ganz wichtig, solltest Du Dich für diese Gangart entscheiden und Dich zur Aufnahme oder einer Benetzung mit Urin entschließen, ist die Absprache zur Praktik, zur Menge und zu den Gegebenheiten rund um das Spiel. Dein Partner darf Dich nur spielerisch zu einer Handlung zwingen, zu der Du vor dem Schlüpfen in eine Rolle Deine Einwilligung gegeben hast.

Anderenfalls würde er sich strafbar machen. Hast Du diese Spielart noch nie probiert und bist neugierig, solltest Du die Gedanken nicht fortwährend um den Urin kreisen lassen. Stelle Dir etwas Anderes vor und denke nicht darüber nach, was Du wirklich aufnimmst. Denn dies könnte einen Brechreiz verursachen und dazu führen, dass die Session durch eine in Dir schnell aufsteigende Übelkeit mit einer anderen Flüssigkeit auf dem Teppich unterbrochen wird.

Das Safeword gehört beim NS ganz vorne in Dein Gehirn. Sobald Du auch nur den Anflug eines Zweifels oder ein Gefühl des Ekels verspürst, beende das Spiel und tu nichts, was Du später bereuen und noch Stunden später auf Deiner Zunge schmecken würdest. Generell solltest Du Dich auf dieses Spiel nur dann einlassen, wenn Du in Bezug auf Ekel schmerzfrei bist und Deinem Partner sehr vertraust. Bei einem fremden Spielpartner wirst Du zu diesem Spiel nicht in der Lage sein. Mit dem geliebten Partner kann Deine Meinung aber eine Andere sein und Dich zu dem Gedanken führen, dass Du mit ihm in einem Bett schläfst, von einem Teller isst und auch andere Körperflüssigkeiten mit ihm austauscht. Unter diesem Aspekt wird sich bei Dir kein Gefühl von Ekel ausbreiten und Du wirst die Lust auf die neue und sehr individuelle Praktik verspüren.

Zwinge Dich nicht zu etwas, was nichts für Dich ist. Sollte bereits die Anfrage Deines Partners nach dieser Spielart bei Dir eine Übelkeit aufsteigen und Dich Ekel verspüren lassen, sage ihm die Wahrheit. Auch im BDSM ist diese Praktik kein weit verbreitetes Muss.

17.10. Keuschheitsgürtel

Zu einem Sklaven- und Meister Spiel gehört der Keuschheitsgürtel dazu. Du kannst ihn zum Tragen zu Hause, aber auch für den Gang ins Büro verordnet kriegen. Natürlich denkt Dein Partner nicht, dass Du ihm ohne Keuschheitsgürtel fremdgehen und seine Zuneigung zu Dir ausnutzen würdest. Doch ist der Keuschheitsgürtel ein großes Geheimnis zwischen Dir und ihm und verhindert, dass Du bei einer plötzlich spürbaren Erregung Hand an Dich legen und Dich gegen seine Anweisungen selbst befriedigen kannst. In vielen BDSM Beziehungen gehört der Keuschheitsgürtel zu den wichtigsten Dingen im Equipment. Lässt Dich Dein Partner einen Keuschheitsgürtel tragen, möchte er die Herrschaft über Deine Lust übernehmen.

Habt ihr dies im Vorfeld vereinbart, kann der Schlüssel bei ihm verbleiben. Allerdings solltest Du für den Notfall immer einen Zweitschlüssel im Haus haben und Dir so die Peinlichkeit ersparen, die Feuerwehr rufen oder beim einem Besuch in der Notaufnahme im Krankenhaus einer Erklärung zu Deinem Equipment abgegeben zu müssen.

Was Deinem Herrn der Keuschheitsgürtel bringt? Er dominiert über Deine Lust, bestimmt Deine Leidenschaft und entscheidet, wann und ob Du befriedigt wirst. Und was bringt Dir das Ganze? Du gehörst ihm und genießt das Gefühl, im ergeben zu sein und nicht mehr selbstbestimmt mit Deinem Körper agieren zu können. Da Dich der Keuschheitsgürtel im Alltag nicht wirklich einschränkt und Du ohne Probleme auf Toilette gehen und Dich auch unauffällig unter Deinen Mitmenschen bewegen kannst, wird er Dir in der Regel nicht während einer Session, sondern meist im Alltag verordnet.

In dem Moment in dem Du den metallenen Keuschheitsgürtel anlegst und Dich für das Spiel entscheidest, wirst Du Dich nicht selten beobachtet fühlen. Du gehst davon aus, jeder würde den Keuschheitsgürtel sehen und würde direkt durch Deine Kleidung blicken. Das erregt Dich natürlich und erhöht Deine Freude beim Tragen des Keuschheitsgürtels. Doch wenn Du erregt bist und sich die Flüssigkeit in Deinem Keuschheitsgürtel sammelst, wirst Du Deinem Herrn am Abend eine Erklärung dazu liefern müssen. Du kannst Dich nicht befriedigen und hast auch keine Möglichkeit, den Keuschheitsgürtel außerhalb seiner Anwesenheit abzunehmen. Also wird er am Abend kontrollieren können, ob Du Dich wie eine gehorsame Sklavin oder wie ein geiles Luder verhalten hast. Nimmt er den Gürtel ab und findet die Rückstände Deiner Lust im Schritt, kann dies zu einer Bestrafung oder einer längeren Verordnung des Keuschheitsgürtels ohne Sex führen.

Bei dieser Spielart gehört Deine Lust nicht mehr Dir. Dein Körper, Deine Emotionen und Deine Lust gehören nur ihm. Dein Partner bestimmt ob Du Sex hast, ob und wann Du Dich berühren kannst und wann er Dich berührt. So verschafft Dir das Tragen des Keuschheitsgürtels eine Vielfalt an Emotionen und kann Dich in Deiner devoten Haltung belohnen, oder Dich bei einer schnellen Erregung bestrafen. Egal welche Emotion Dich beim Tragen des metallenen Gürtels befällt, Du wirst ihr nicht Herr und wirst Dir bewusst, dass nur eine Person, Dein Partner, Herr über Deine Lust ist und entscheidet, wann Du welche Emotion verspürst. Als Newbie kannst Du beruhigt einen Keuschheitsgürtel tragen, sofern der Zweitschlüssel sich in Deinem persönlichen Besitz befindet.

17.11. Mummification

Dich in eine Mumie verwandeln und Dich vollständig mit Stoffresten, mit Folie oder mit Klebeband sedieren ist eine weit verbreitete Spielart im BDSM. In der Regel wirst Du vollständig, auch im Gesicht mit Bandagen mumifiziert und erst im Anschluss in Deinem Ganzkörper Gewand mit einigen Löchern für das Spiel versehen. Als Newbie solltest Du auf Sehschlitze und auch auf die Freihaltung der Atemwege großen Wert legen. Die Sehschlitze sind dafür da, dass Dein Partner nur die Praktiken an Dir vornimmt, die ihr im Vorfeld vereinbart habt. Nach einer Mummification bist Du wehrlos und hast keine Möglichkeit, Dich in irgendeiner Form zu bewegen oder zu verständigen. Dein Partner muss Dir die Gelegenheit geben, entweder ein optisches oder verbales Zeichen von Dir zu geben und so in der Lage zu sein, das vereinbarte Safeword zu sprechen.

Im Gegensatz zur weit verbreiteten Meinung hat die Mummification nichts mit einer Vorliebe zu Leichen zu tun. Sie ist aus diesem Grund nicht pervers, da es Deinem Partner nicht um Dich als Leiche und Mumie, sondern um Deine Unbeweglichkeit und vollständige Ruhigstellung geht. Du kannst bei dieser Spielart ganz unterschiedliche Emotionen empfinden. Die vollständige Abhängigkeit von der Gunst Deines Partners und die Unbeweglichkeit bei vollem Bewusstsein können in Dir eine große Lust ohne die Möglichkeit zur eigenen Handlung, aber auch Adrenalin durch Angst erzeugen.

Solltest Du in der engen und schweißtreibenden Hülle Panik bekommen, muss Dein Partner die Hülle um Deinen Körper sofort entfernen und bestenfalls schnell und vorsichtig mit einer Schere von Deinem Körper lösen. Bandagen im eigentlichen Sinne werden für eine Mummification im BDSM kaum genutzt. Häufiger und viel besser geeignet sind vollständige Anzüge aus Latex oder Lack. Deine Haut wird darunter zu kribbeln beginnen und Du wirst spüren, wie sich der Schweiß unter der zweiten Haut sammelt. Dies reizt Deine Sinne und ist ein Zweck, dem die Verwandlung Deiner Person in eine Mumie dient. Damit Du nicht nur bewegungslos da liegst und Deinem Partner einen optischen Reiz bietest, wird die Mummification von Öffnungen an Deinen Genitalien, an den Brüsten und am Anus unterbrochen. Dein Partner kann in Dich eindringen, kann Dir Plugs oder andere Gegenstände einführen und sich der Tatsache bewusst sein, dass von Dir keinerlei Regung spürbar sein wird. Die grenzenlose Dominanz über Deinen Körper wird er ebenso genießen, wie Du die vollständige Unterwerfung als besondere Impression empfinden wirst. Ich möchte Dir den Tipp geben, dass Du mit Platzangst keinesfalls zu einer Mummification tendieren solltest. Auch wenn Du nicht in einen engen Raum gesperrt bist, wird sich die zweite Haut um Deinen Körper wie ein Gefängnis anfühlen und könnte bei Menschen mit Platzangst zu ernsten Panikattacken und bleibenden seelischen Narben führen.

Du musst devot sein und die Enge nicht als Bedrängnis empfinden, willst Du Deine Lust aus einer Mummification ziehen. Ich kann Dir versichern, dass Dein Gefängnis in Form von Bandagen oder eines hautengen und viel zu knappen Latext Gewandes die pure Erotik ist und nicht nur bei Dir, sondern auch bei Deinem Partner für einen unverkennbaren Gewinn an leidenschaftlicher Lust sorgt.

17.12. Plug Play anal / vaginal

Plug Play ist eine optimale Praktik für Anfänger und kann sowohl vaginal, als auch anal für neue Erfahrungen und das Kennenlernen der eigenen Grenzen sorgen. Wenn Du Dich für diese Spielart entscheidest, kannst Du die einfache, sowie die doppelte Penetration mit einer Dehnung nach Deinen Wünschen bevorzugen und Dich der Gunst Deines Mitspielers ausliefern. Auch wenn Plug Play in der Regel als Vorspiel beim Fisting genutzt wird, ist es eine eigene Spielart und lässt sich mit Bondage oder mit der Mummification verbinden. Damit Verletzungen ausbleiben und sich Dein Lustgewinn beim Spielen mit den Plugs erhöht, sollte Dein Partner langsam vorgehen und eine Dehnung nicht in zu großen Durchmessern anstreben.

Am besten fängst Du klein an und erlaubst Deinem Partner, mit den Plugs mit Dir zu spielen und sie Dir langsam, behutsam und mit ausreichend Gleitmittel einzuführen. Er kann sie unbewegt in Deinem Körper belassen, während er Dich peitscht oder Dir heißes Wachs über den gefesselten Körper laufen lässt. Er kann sie bewegen und kann Dich bis kurz vor den Höhepunkt bringen, um den Plug anschließend aus Dir zu entfernen und Dich für Deine Geilheit zu strafen. Wenn Du beim Plug Play keine Erregung zeigen darfst und Dein Partner eine Emotionslosigkeit verlangt, wirst Du vor einem großen Problem stehen. Der Plug wird Dich, egal ob er vaginal oder anal in Deinem Körper steckt, immer reizen.
In der Erziehung und Unterwerfung spielt Plug Play daher eine besonders große Rolle und wird gerne genutzt, will der Dom dem Sub den uneingeschränkten Gehorsam vermitteln und zeigen, dass nur er und niemand anders der Herr über die Lust des Sub ist. Wird der Sub erregt, kann der Dom das

Plug Play umgehend unterbrechen. Wenn der Dom die Erregung natürlich wünscht und eine größere Dehnung als Spielart gewählt hat, wird er bei ausreichend Feuchtigkeit einen größeren Plug einbringen und von vorne mit dem Spiel beginnen. Plug Play muss nicht warten, bis Du Erfahrung im BDSM gesammelt hast.

Die ergonomisch geformten, einem Dildo nicht unähnlichen Plugs stellen für Dich kein Risiko dar. Sie sind aus weichem und im Körper angenehmen Kunststoff oder aus Silikon, verfügen am Ende über einen Griff und können so nicht in Deinen Öffnungen verschwinden. Diese Sorge kannst Du beim Plug Play generell ausschließen und musst nicht davon ausgehen, dass Du mit einem Fremdkörper anal oder vaginal in die Notaufnahme musst und eine Entfernung in Auftrag gibst. Das Spiel kannst Du ganz an Deinen eigenen Wünschen ausrichten und es mit einer Spielart kombinieren, für die das Plug Play sehr dienlich und das perfekte Vorspiel ist.

Ich kann Dich darauf hinweisen, dass Dich das Einbringen und Entfernen der Plugs nicht kalt lassen wird. Somit kannst Du auch davon ausgehen, dass sich Deine Erregung auf mehr ausrichten und Deine Leidenschaft eine größere Herausforderung wünschen wird. Plug Play und Fisting? Das ist die optimale Kombination, da Du beim Spielen bereits gedehnt und so bereit für die eigentliche Session gemacht wirst. Nicht nur Du, auch Dein Partner wird den Spaß beim Plug Play auf ganz besondere Weise genießen.

17.13. Doktorspiele

Doktorspiele im BDSM darfst Du nicht mit den Spielen verwechseln, die Du aus Deine Kindheit und Jugendzeit kennst. Doch haben Doktorspiele im BDSM eine große Bedeutung und beinhalten ein breites Spektrum an Möglichkeiten. Du kannst in die Rolle der Krankenschwester verfallen, der behandelnde Arzt, aber auch der Patient sein. Für Dich als passiven Part ist der Patient die Rolle, in der Du aufgehen und Dich von Deinem Partner als versiertem Mediziner behandeln lassen kannst. Für richtige Doktorspiele wird verschiedenes Equipment benötigt. So ist zum Beispiel ein gynäkologischer Stuhl eine prima Voraussetzung, um Dich dem Arzt auszuliefern und ihm mit weit geöffneten Schenkeln zu begegnen.

Da Du Dich als Patient wehren kannst und dies die Untersuchung und Behandlung des Partners in Arztform beeinträchtigen würde, wird er Dich auf dem Stuhl sedieren und Dir so die Freiheit zur Bewegung nehmen. Dies stellt für Dich einen großen Reiz dar, wenn er mit der Untersuchung beginnt und hierbei nicht zimperlich ist. Auch ein Klistier gehört zu Doktorspielen und findet dann Verwendung, wenn die Diagnose gestellt und der Arzt eine Darmreinigung als Möglichkeit Deiner Gesundung auf die Agenda gesetzt hat.

Ebenso kann er mit Nippelklemmen oder Klemmen an Deinen Schamlippen prüfen, ob Deine Reaktionen für Gesundheit sprechen oder er nach einer intensiveren Prüfung eine Behandlung anstreben muss. Das Ausgeliefertsein Deiner Person ist bei Doktorspielen im BDSM der wichtigste Aspekt und die Basis, auf der sich alle weiteren Handlungen Deines Dom aufbauen. Du solltest ihm blind vertrauen und seine Kompetenz nicht in Frage stellen. Wenn Du dem Arzt mit einer Widerrede begegnest und seine professionelle Diagnose oder Behandlung in Frage stellst, kann dies zu einer Strafe und erneuten Untersuchung führen. Du bist zwar gefesselt und ihm hilflos und willenlos ausgeliefert. Doch habt ihr im Vorfeld über alle Praktiken gesprochen und er wird keine "Behandlung" an Dir vornehmen, für die Du nicht wirklich Deine Einstimmung gegeben hast.

Als Arzt im weißen Kittel wird er Dich bezaubern und es wird nicht lange dauern, bis Deine Lust über die Handlungen des Spiels hinaus geht. Habt ihr im Vorfeld über eine Penetration zwischen Arzt und Patient gesprochen, bietet sich Deine Position auf dem Stuhl optimal an. Jetzt, wo er Dich schon einmal gereinigt und Deinen Darm mit dem Klistier gespült hat, wird er noch lieber mit Dir spielen und Du kannst Dir sicher sein, dass Du sauber, gesund und ganz nach seinen Vorstellungen vor ihm liegst und er sich nicht lange bitten lassen wird.

Deine Phantasie ermöglicht nicht nur den Besuch beim Gynäkologen, sondern kann sich auf breit gefächerte Spielarten im Bereich der Medizin ausweiten. Es gibt unzählige Möglichkeiten, auch in dem Punkt, wie Du den Arzt für seine zuvorkommende und sofort helfende Behandlung entlohnst. Er hat Dir geholfen? Nun wird er von Dir sein Honorar verlangen und Du solltest nicht zimperlich sein und ihm gewähren, was seine Behandlung kostet. Auch wenn die BDSM Doktorspiele von denen in Deiner Kindheit abweichen, wirst Du mit viel Phantasie bei der Sache sein und ganz neue Emotionen und Auffassungen vom früheren Doktorspiel bekommen.

17.14. Deepthroat

Dass Dein Partner auf einen Blowjob steht und es genießt, ist
Dir ja bereits bekannt. Hast Du in diesem Punkt keine Berüh-
rungsängste, kannst Du in Deiner BDSM Neigung noch einen
Schritt weiter gehen und ihn das Tempo und die Tiefe seiner
Stöße bestimmen lassen. Einen Deepthroat wünscht sich jeder
Mann und wird es genießen, Deinen Mund als eine weitere
endlos tiefe Öffnung in Deinem Körper zu nehmen. Da er ohne Gnade zustoßen und seinen Penis tief in Deinen Rachen
einführen wird, solltest Du nicht zimperlich und durchaus in
der Lage sein, einen Würgereiz zu unterdrücken und Dich
seiner Herrschaft bedingungslos zu ergeben.

Fordert Dein Herr einen Deepthroat von Dir, wird er Dich
meist in die Knie zwingen und Dich unsanft an Deinem Haar
packen. Damit dominiert er zum einen über Dich und zeigt
Dir seine Macht und Deine Wehrlosigkeit, bringt sich gleichzeitig aber auch in die Position, in der er den Blowjob extrem
nach seinen Wünschen steuern und ihn tief in Deinen Mund
schieben kann. Wehre Dich nicht und versuche nie, die Zähne
zu schließen und ihn so von seinem Wunsch abzuhalten.
Kannst Du es nicht oder spürst einen nicht mehr aufzuhal-
tenden Würgereiz, gib ihm ein Zeichen und er wird sofort
aufhören. Der Deepthroat ist eine Männerphantasie, die mit
Dominanz und Unterwerfung zusammenhängt.

In einer normalen Beziehung wird ein Partner Deinen Kopf
nicht über seine Männlichkeit pressen und Dich nicht loslas-
sen, sondern tiefer und tiefer in Deinen Rachen stoßen. Im
BDSM dient diese Praktik als eine Geste der Macht, die der
Dom über den Sub ausübt und die zeigt, wer das Sagen im
Rollenspiel hat. Der Deepthroat kann, muss aber nicht mit

dem Schlucken von Sperma einhergehen. Wie und inwieweit Du für die Praktik bereit bist, kannst Du im Vorgespräch klären. Generell darfst Du Dich vor dem Spielpartner nicht ekeln und musst ihm mit großem Vertrauen und am besten mit Liebe gegenüber treten. Auch wenn das Spiel einer Vergewaltigung gleichkommt und daher auch im Bereich der Vergewaltigungsspiele einen großen Raum einnimmt, wird Dein Partner doch nichts tun, was Du nicht möchtest und worüber Du ihm im Vorfeld berichtet hast, dass Du es nicht kannst.

Er genießt die Herrschaft in seiner Rolle und wird es befürworten, wenn Du Dich brav und ohne Widerstand von ihm führen und ihn sein Werk vollenden lässt. Durch die kräftigen Stöße in Deinen Rachen übernimmt er die Kontrolle über Deine Atmung und bestimmt, in welchen Intervallen du zum Luft holen kommst. Dein Partner merkt wenn Dir die Praktik Schwierigkeiten bereitet und bekommt auch mit, wenn Du Deinen Würgereiz nicht länger unterdrücken kannst.
Um einen Deepthroat zu genießen und Dich diesem einzigartigen Gefühl hinzugeben, solltest Du konzentriert sein und dabei den Reflex zum Würgen ausblenden. Ich kann Dir versichern, dass dieser Reflex nur eine Frage der Übung ist und automatisch verschwindet, je häufiger Du diese Spielart praktizierst und je mehr Du Deinem Partner vertraust. Mit einem geliebten Partner in einer BDSM Beziehung kann es durchaus der Fall sein, dass Du nie einen Würgereiz beim Deepthroat spüren wirst.

17.15. Spanking

Was ist eigentlich Spanking? Beim Spanking handelt es sich um eine Gewalteinwirkung auf Deinen Körper, für den Dein dominanter Partner kein Equipment benötigt. Seine pure Hand wird Dich in Schmerzen der Lust winden lassen und kann vorsichtig und langsam, aber auch sehr intensiv in dieser Spielart zum Einsatz kommen. Dabei beschränkt sich Spanking nicht allein auf Schläge auf Deinen Po, die Brüste oder Deinen Rücken. Auch Ohrfeigen und Schläge ins Gesicht sind Bestandteil im Spanking und können Deine Session zu einem wahren Machtspiel aus Dominanz und Unterwerfung werden lassen. Stehst Du auf Erniedrigung, ist Spanking sogar noch besser geeignet als eine Session, in welcher die Peitsche oder eine Gerte zum Einsatz kommen. Warum? Das will ich Dir in diesem Kapitel erklären.

Wenn Dich Dein Partner mit Peitschenhieben in den Himmel des Lustschmerz bringt, bist Du zwar glücklich und genießt die Behandlung, verspürst aber keine Erniedrigung im eigentlichen Sinne. Nutzt Dein Partner in seiner Position als Dom aber nur die bloße Hand und bereitet Dir damit den angestrebten Lustschmerz, empfindest Du bei dieser Praktik anders. Du spürst, dass es seine Hand ist die über Deine Lust und den Schmerz auf Deinem Körper bestimmt. Du spürst die Kraft die dahinter steckt und weißt, dass sie nicht durch ein Gerät verstärkt oder verändert wird. Allein dieser Gedanke ist schon ein Detail, anhand dessen Deine Lust viel schneller und intensiver steigen wird. Auch brauchst Du beim Spanking keine Verletzung zu befürchten, da kein hartes Leder, sondern nur die menschliche Hand auf Deinem Körper auftrifft.

In der Intensität der Schläge kann Dein Partner ebenso variieren und sich auf Deine Bedürfnisse einstellen, wie es bei den ins Spiel einbezogenen Körperstellen der Fall ist. Spanking spielt aber nicht allein im Lustgewinn, sondern auch in der Erziehung und Züchtigung eine wichtige Rolle. Hier werden die Schläge vermehrt ins Gesicht und als Ahnung für Deinen Ungehorsam verteilt. Wie Du siehst, die Möglichkeiten und Spielarten sind vielseitig und das Risiko mehr als nur gering, dass Dein Partner Dich beim Spanking verletzen oder die Kraft seiner Schläge nicht richtig dosieren könnte. Spanking eignet sich auch für völlig unerfahrene Paare und ist eine Praktik, bei der sich die gewünschte Härte und Intensität der Schläge schnell finden lassen. Ihr müsst nicht auf die Wirkung eines Materials achten, sondern könnt euch ganz der Lust hingeben und das Spiel mit der Machdemonstration durch die bloße Hand genießen.

Eine beliebte Kombination von Spielarten ist es, wenn Du beim Spanking eine Verbindung zum Gender Play herstellst. Die Schläge werden Deine Emotionen im Gender Play steigern und sind viel angebrachter, als es eine Züchtigung mit der Peitsche wäre. In der Regel legt Dich der Dom im Gender Play über sein Knie und nimmt die bloße Hand, um Deinen Po zu bearbeiten und Dich für Ungehorsam zu strafen. Da der direkte Körperkontakt zwischen Dir und Deinem Dom nicht durch einen anderen Gegenstand unterbrochen wird, ist Spanking eine sehr intensive und vertrauensvolle Art miteinander zu spielen. Auch als Newbie kannst Du hier Deine Erfahrungen machen und Deine Phantasien vielseitig ausleben.

17.16. Vergewaltigungsspiele

Nein, pervers bist Du nicht. Keine Sorge. Der Reiz einer Vergewaltigung im Spiel ist eine äußert häufig genutzte und beliebte Praktik im BDSM. Sie ist sehr intensiv und eine wahre Innovation, wenn Du mit der Dominanz und der Unterwerfung, mit Deiner eigenen Hilflosigkeit und Machtlosigkeit spielen möchtest. Die Phantasie von Dir, aber auch von Deinem Partner schlägt bei Spielarten mit Vergewaltigung Purzelbäume. Das heißt natürlich nicht, dass Du im realen Leben zum Sex gezwungen und von einem Fremden Mann vergewaltigt werden möchtest. Für diese Spielart schlüpfst Du genauso in eine Rolle, wie es in anderen Spielarten im BDSM der Fall ist.

Ebenso schlüpft Dein Partner in seine Rolle und begegnet Dir als Sadist, der von Dir kein Widerwort duldet und nur ein Ziel hat. Er will Deinen Körper besitzen und sich an Deiner Angst weiden, die Lust an Dir stillen und Dich danach achtlos Deinem Schicksal überlassen. Bist Du bereit für diese neue und grenzwertige Erfahrung? Dann wirst Du in der gespielten Vergewaltigung eine Lust kennenlernen, die Du bisher nicht einmal erahnt hast. Die Möglichkeiten für ein Spiel sind so vielseitig, dass sie sich nicht nur in Deinem Schlafzimmer abspielen müssen. Der Dom kann Dein Verfolger auf der Straße, der penetrante Mitfahrer im Fahrstuhl, ein Anhalter auf der Landstraße, aber auch der Dir noch fremde Hausmeister mit der angsteinflößenden Ausstrahlung sein. Seine Wirkung auf Dich und Dein Adrenalin wird er erhöhen, wenn er seinen Körper verbirgt und Dir maskiert und als Fremder gegenüber tritt.

Auch wenn Du genau weißt, welcher Mann es ist und was Dich anhand des Gesprächs im Vorfeld erwarten wird, wirst Du den Überraschungsmoment erleben und wirst Angst vor Deinem Peiniger bekommen. Doch diese Angst schürt Deine Lust und Du wehrst Dich nur spielerisch. Je mehr Du Dich wehrst, umso härter wird Dich Dein Peiniger rannehmen und umso gnadenloser wird er sich an Deiner Angst weiden und an Deinem Körper vergehen. Er wird Dich schlagen, wird Dir die Kleidung vom Leib reißen und wird auf Dich spucken.

Er wird Dir den Mund verbieten, Dich fesseln oder Dich gar mit einer (Spielzeug)Waffe bedrohen. Du wirst ihn mit großen Augen ansehen und Dir wird klar werden, dass Deine Wehrhaftigkeit Dir nur Schmerzen bringt und Du Dich ihm am besten auslieferst, in dem Du resignierst und ganz still hältst. Er wird Deine Unterwerfung schätzen und wird es sicherlich schnell vorbei gehen lassen. Du willst kein schnelles Ende? Dann reize ihn und fordere seine Geduld mit Dir heraus.

Auch wenn er Dein gespielter Peiniger ist, so bestimmst Du doch die Regeln dieses Spiels. Du bist die eigentliche Herrin über seine Lust und kannst seine sadistische Ader durch Akzeptanz schwächen, oder sie durch Gegenwehr herausfordern. Andere BDSM Spielarten kannst Du bei einer gespielten Vergewaltigung einfließen lassen und so beispielsweise ein Bondage, Spanking, Deepthoart oder andere Details einfließen und für mehr Action im Spiel zum Einsatz kommen lassen. Auch wenn Du Dich wehrst, denke in Deiner Rage daran, dass es sich um ein Spiel handelt und Du den Peiniger nicht wirklich verletzen willst.

18. Der Ring der O – Geschichten, Symbole und Zeichen im BDSM

Der Ring der O gehört zu den wohl bekanntesten und auch außerhalb des BDSM Bereichs nicht fremden Symbolen der Szene. Zurück geht dieser Ring auf die Protagonistin in "Geschichte der O" von Pauline Réage, welche in der BDSM Szene Kultstatus erreichte und als wichtigstes literarisches Werk gilt. Der Ring selbst ist eigentlich unspektakulär und zeigt sich in einfacher Form ohne spezielle Verzierungen. Markant ist nur, dass er einen kleinen Klemmring an einer Kugel enthält, welcher die Form eines O hat und von Anhängern der BDSM Szene bevorzugt getragen wird. Im Roman hat der Ring keine Ähnlichkeit mit dem heute verbreiteten Modell und ähnelt eher einem Siegelring.

Auf seiner Front prangte das Siegel, welches in Form einer Triskele gestaltet und aus Gold geformt war. Auch hat sich der Ring der O nicht nur am Finger, sondern auch an Hals- und Armbändern, sowie als Ohrring etabliert. Eines haben aber alle Modelle und Ausführungen des Schmuckstücks mit dem markanten O an sich. Sie werden nur von Anhängern des BDSM getragen und sind somit auch Schmuckstücke, die für Dich von großem Interesse sein können. Weiter sind die Schmuckstücke durch ihren O-förmigen Anhänger nicht nur schön und wegweisend, sondern auch in Sessions sehr praktisch. An einem Halsband mit O Ring lässt sich wunderbar eine Leine, Kette oder ein Seil befestigen.

Doch wird das Halsband nicht nur vom Sub, wie Du nun bereits vermuten würdest, getragen. Auch dominante BDSM Liebhaber schmücken sich mit dem O und zeigen so die Zugehörigkeit zu einer ganz besonderen Neigung und Leidenschaft. Ob Du ein Dom oder Sub bist, suggerierst Du Deinen Partnern mit der Hand, an welcher Du den Ring trägst. Dazu aber mehr im folgenden Kapitel. Der Ring hat sich seit den 90er Jahren virusartig verbreitet und wird aus verschiedenen Materialien und in ganz individuellen und unter- schiedlichen Ausführungen verkauft.

Er ist ein Muss für Dich, auch wenn Du ihn nur zu speziellen Treffen und nicht im Beruf tragen wirst. Neben dem heute bekannten Ring hat auch die Triskele eine tiefgründige Bedeutung im BDSM. Sie war das eigentliche Signum in der Geschichte der O. Vor nicht allzu langer Zeit haben neue Ideale den Markt erobert und sich durch die Shades of Grey Romanreihe etabliert. Während früher ein Ring als Erkennungszeichen ausreichte und stilvoll wirkte, neigen Shades of Grey Liebhaber zu offenen Bekundungen und genieren sich auch nicht, selbst einen Dildo mit dem Logo der Buchreihe zu kaufen. Doch mit wirklichem BDSM hat dies, lass Dir das gesagt sein, nicht viel zu tun. Vielmehr war es ein Versuch, eine erotische Neigung in den Mainstream einzubinden und mehr Verständnis zu schaffen.

Dies mag im unerfahrenen Teil der Bevölkerung auch gelungen sein. Doch wahre BDSM Liebhaber werden sich nicht von Shades of Grey leiten lassen und den wenig tiefgründigen Floskeln und Beschreibungen von Spielen, Symbolen und Fetischen folgen. Während das Design des Rings der O noch einen tiefgründigen Sinn hat, sind manche Dinge wirklich nur Erkennungszeichen im kleinen Kreis und haben für die Szene selbst überhaupt keine Bedeutung. Dazu gehören beispielsweise Nietenhalsbänder und Ketten, die aus der Punkszene übernommen wurden und wohl bei einem Dom für mehr dominante Ausstrahlung sorgen sollen.

Doch statt elegant und dominant wirkt ein männlicher Dom mit einem Lederhalsband mit Nieten eher peinlich und wie ein Punk, der in der falschen Szene unterwegs ist. Anders verhält es sich, hat der Dom einen Fetisch und trägt das Halsband aus diesem Grund. Hier hat man ein Nachsehen und Du kannst sicher sein, dass es sich bei dem Mann um einen echten Fetischisten, nicht aber um einen Punk in Verkleidung handelt.

Nun möchte ich ein wenig näher auf die viel besprochene und für die BDSM Szene endemische Triskele eingehen. Kritiker bringen sie mit einem Teufelswerk in Verbindung und meinen, es würde sich hier um eine Umkehrung der Heiligen Dreifaltigkeit handeln.

An die Dreifaltigkeit hat der Designer dieses Symbols überhaupt nicht gedacht, so viel ist klar. Vor allem in den Staaten und dem vereinigten Königreich outen sich BDSM Anhänger nicht mit dem hier bekannten Ring, sondern mit der Triskele in ihrer Ursprungsform. Auch Outsidern der Szene ist das Symbol bekannt und zeigt ihnen, dass es sich bei dem vor ihnen stehenden Menschen um einen Liebhaber der harten Gangart handelt. Die Triskele selbst trifft keine Aussage über einen Dom oder Sub, sondern ist ein reines Erkennungszeichen innerhalb der Szene. Wer ein typisches BDSM Symbol trägt, suggeriert damit nicht etwa, dass er spielen möchte und auf Partnersuche ist. Er bekennt sich zugehörig zu einer Szene und ist bereit, mit Gleichgesinnten in Kontakt zu treten.

Inwieweit aus einem Kontakt mehr wird, kann man nur im persönlichen Gespräch erfahren und nicht anhand eines Symbols erkennen. Trotz Aufklärung ist es für Dich als Newbie gar nicht so einfach, ein Symbol zuzuordnen und daraus den richtigen Schluss zu ziehen. Du weißt nun, dass der Ring der

O in der Szene wichtig ist und Anhänger der Neigung zeigt. Doch sicherlich wird Dir auch schon der Trugschluss zu Ohren gekommen sein, dass dieser Ring nur einen Sklaven kennzeichnet. Falls Du auf der Suche nach Deinem Herrn und Meister bist, hast Du vielleicht schon einige interessante potenzielle Kandidaten vorbeiziehen lassen und bist anhand des Ringes davon ausgegangen, dass es sich um devote oder masochistische Subs handelt.

Der Ring ist keinesfalls nur ein Signum von Sklaven. Auch Meister tragen ihn und bekennen sich durch das Symbol der Szene zugehörig. Ein kleiner, aber für Dich hilfreicher Tipp ist das Detail, dass ein Dom den Ring meist rechts trägt, während der Sub ihn an der linken Hand präsentiert. Switcher tragen ihn bevorzugt an der Kette. Das wäre so einfach, gäbe es da nicht noch Halsbänder und Ohrringe. Ein Halsband mit O Ring kann sowohl ein Sub, als auch ein Dom tragen. Vor allem bei weiblichen Doms ist das legendäre Halsband weit verbreitet. Da der Ring der O aber derzeit auch ein von Stardesignern aufgegriffener Modetrend ist, solltest Du auch bei seinen Trägern nicht mit der Tür ins Haus fallen und direkt davon ausgehen, dass vor Dir Dein potenzieller Spielpartner und ein Liebhaber des BDSM steht.

19. Der Absturz – wenn die Emotionen Karussell fahren

Der Absturz ist eine emotionale Reaktion, die Du als Sub am meisten fürchtest und von der Du keine Ahnung hast, wie schlimm sie sich auf Deine Psyche und weitere Spiele im BDSM auswirken kann. Von vornherein möchte ich Dich darauf hinweisen, dass ein erfahrener Dom Dich nie in einen Absturz führen und Probleme Deiner Psyche und emotionalen Belastung im Vorfeld und somit rechtzeitig erkennen wird. Es ist nicht an Dir, sondern am dominanten Spielpartner und somit an Deinem Herren, den Absturz zu vermeiden und Dir die Situation kalter Angst, Trauer oder Ohnmacht zu ersparen. Einen Absturz kannst Du Dir so vorstellen:

Du bist eben noch in Deinem Lustschmerz gefangen und genießt es, wünschst mehr und bist aber bereits an Deiner Grenze angelangt. Mit einer marginalen Geste kann Dein Spielpartner bei Dir eine Emotion auslösen, die sofort alle Lust aus Deinem Körper weichen und Dich starke körperliche oder seelische Schmerzen spüren lässt. Dir wird kalt, Du kannst bewusstlos werden und Du wünschst Dich nur noch weit weg von diesem Partner und diesem Ort.

Um gar nicht erst in eine solche Situation zu gelangen und einen Absturz von vornherein vermeiden zu können, solltest Du dem Partner mit großer Ehrlichkeit begegnen. Fakt ist, ehrlich zu Anderen kannst Du nur sein, wenn Du Dir selbst gegenüber ehrlich bist und Deine Grenzen nicht übersiehst oder sie trotz Kenntnis überschätzt und falsch interpretierst. Das Gefühl gleicht der Gefangenschaft in der Hölle und erfordert von Deinem eben noch dominanten Partner eine Menge Fingerspitzengefühl und Toleranz. Er kann Dich nicht aus dem Absturz führen oder ihn gar rückgängig machen, sondern er kann Dich begleiten und so die tieferen emotionalen Probleme mindern.

Fürsorge und emotionale Hilfestellung sind nach einem Absturz von großer Wichtigkeit. Bei Dir als Sub äußert sich der Absturz als sehr schmerzliche Erfahrung, bei der Du gerne von Deinem Spielpartner in den Arm genommen und an seiner Schulter hemmungslos weinen und den Schmerz herauslassen möchtest. Ein guter Dom wird Dir diesen Wunsch nicht verwehren und wird von selbst die körperliche und emotionale Nähe zu Dir suchen. Dominant und herrisch sein heißt nicht, dass dieser Mensch keine Gefühle hegt und seine Emotionen allein auf die Aspekte ausrichtet, Dich mit Schmerzen zur Lust zu führen. Ein guter Dom weiß auch, dass er an einem Absturz nie unschuldig ist. Selbst wenn Du mit der Wahrheit hinterm Berg gehalten und ihm nicht von einem früheren Absturz oder Deiner Unerfahrenheit erzählt hast, hätte er die Situation erkennen und Dich gar nicht erst in einen Absturz führen dürfen.

Dies weiß er und wird sich bemühen, Deinen Schmerz zu lindern und auf Ursachenforschung zu gehen. Nachdem der erste Trost den schlimmen Schmerz gelindert und Dich ein wenig beruhigt hat, solltest Du mit Deinem Partner über den Absturz sprechen und ihm so die Möglichkeit geben, den Zeitpunkt der Wende in Deinen Emotionen zu erkennen. Bei eingespielten BDSM Paaren sieht der Partner schon im Vorfeld, wenn sich bei seinem Sub ein Absturz ankündigt und kann mit der Session aufhören. Ein unerfahrener oder Dir unbekannter Partner kann Deine Gestik und Mimik noch nicht so lesen, als dass er sich nicht auf das Safeword und Deinen Wunsch zur Beendigung einer Session verlassen müsste.

Auch wenn der Dir vielleicht fremde Spielpartner den ersten Schmerz nach einem Absturz abfängt, wirst Du mit ihm nicht zur Aufarbeitung schreiten und die Ursache suchen. Hier kann Dir eine BDSM Selbsthilfegruppe, aber auch eine Bekanntschaft aus dem Internet helfen. Wichtig ist, dass Du dem Gesprächspartner ohne Einschränkung vertraust und ihm so von dem Moment erzählen kannst, der für Dich so schlimm und einprägsam war. Oftmals begründet sich ein Absturz in einem Erlebnis aus der Vergangenheit. Am Beispiel eines Vergewaltigungsspiels kannst Du Dir einen Absturz erklären, wenn Du bereits in der Vergangenheit beinahe oder tatsächlich vergewaltigt worden bist.

Auch Schläge können Dich an ein Erlebnis aus Deiner Kindheit erinnern und dazu führen, dass Deine Emotionen in einer Session umschlagen und aus der Lust eine Last wird. Halte Dir immer vor Augen, dass ein Dom kein Therapeut ist und auch nicht in Deine Vergangenheit blicken kann. Es ist ihm weder möglich, einen Absturz mit einem von Dir in der Vergangenheit erlebten Detail in Verbindung zu bringen, noch die Ursache seiner eigenen Handlung als Grund zu erkennen.

Wenn ihr euch kennt und ein vertrauensvolles Verhältnis pflegt, wird er zwar den Umschwung Deiner Emotionen bemerken und darauf reagieren, aber auch hier befindest Du Dich bereits in dem Karussel, welches den Absturz zur Folge hat. Nur eine sofortige Unterbrechung der Session kann Schlimmeres aufhalten und dazu beitragen, dass die Lust zwar vergeht, aber kein tiefer Fall für Dich eintreten wird. Einen emotionalen Absturz solltest Du nie auf die leichte Schulter nehmen und glauben, er wäre nach der Session vergangen und hätte für Dich keine Bedeutung mehr. Nach einem sehr schlimmen Absturz kannst Du sogar unmittelbar nach der

Session in Depressionen verfallen und dazu tendieren, dem Schmerz viel Raum in Deinem realen Leben zu geben.

Lasse Dich nicht auf ein Spiel mit einem Partner ein, der sich im Vorfeld nicht genau nach vergangenen Erlebnissen, sowie Deinem emotionalen Zustand erkundigt. Einige Fragen mögen Dir vielleicht unangenehm sein und alte Erinnerungen wecken, sind aber gerade bei Spielarten für Fortgeschrittene an der Tagesordnung. Du musst Dich Deinem Partner anvertrauen, egal ob es sich um einen anonymen Spielpartner oder um einen Partner in Deinem realen Leben handelt.

Auch wenn Dir das Gespräch mit einem Fremden schwerer fallen wird, hat er genauso wie ein bekannter Partner Deine Ehrlichkeit und Deine Offenheit verdient. Du bringst nicht nur Dich, sondern auch ihn mit einem emotionalen Absturz in eine sehr verzwickte und gefährliche Lage.

Da Du es vermeiden kannst und am besten auf Spielarten die Dich mit schlimmen Erlebnissen aus der Vergangenheit verbinden, verzichten kannst, trägst Du an einem Absturz aus Unehrlichkeit sogar die Hauptschuld. Bei Zellenhaltung, Liebesentzug oder bei Vergewaltigungs- und Verhör Spielen können alte Emotionen aus dem realen Leben hochkochen und einen Absturz im Bruchteil von Sekunden nach sich ziehen. Brich ab, sprich das Codeword und signalisiere Deinem Partner nicht erst während des Absturzes Deine Situation.

20. Damit die Lust nicht zur Last wird
Fazit : Im BDSM, die Erfüllung finden

Zwischen Lust und Last liegt nicht nur ein einzelner unterschiedlicher Buchstabe, sondern auch ein breites Spektrum an Erlebnissen. Du hast Dich für die harte und außergewöhnliche, für die gefährliche und nie langweilige Lust entschieden. Im BDSM kannst Du die grenzenlose Erfüllung finden und hast einen Bereich für Dich gewählt, in dem Deine Phantasie eine große Rolle spielt. Du willst nicht nur einfachen Sex, sondern wählst die Erotik im Kopf und eine von Dir bevorzugte Spielart, die mit dem Schmerz und dem Leid der Lust verbunden ist. Nachdem Du viel über BDSM erfahren hast und sowohl die Theorie, als auch die Praxis Dir nicht mehr fremd sind, kannst Du für Dich verschiedene Schlüsse ziehen.

Vielleicht hast Du zu Beginn Deines Outings einen großen Fehler begangen und Dich den falschen Menschen anvertraut? Du bist als pervers abgestempelt worden, hast vielleicht sogar Deinen langjährigen Partner verloren oder gehst zur Erfüllung Deiner Lust regelmäßig fremd und gibst Dich fremden Herren hin? All das gehört zu einem Leben in der BDSM Szene dazu und betrifft nicht nur Dich, sondern auch viele andere Menschen mit Deiner Neigung und dem Mut, ihre Sexualität nicht länger zu verstecken und ihre Neigung zu leben.

Wenn Du Dich von Anfang an am Ratgeber orientiert und Dich auf Diskretion zum Selbstschutz fokussiert hast, sind Dir schmerzliche Erfahrungen auf emotionaler Ebene wahrscheinlich erspart geblieben. Du hast Dich nur den Menschen geöffnet, die Deine Ehrlichkeit zu schätzen wussten und die Deine Neigung mit Dir teilen, Dir zuhören oder sogar zu Deinen

Spielpartnern zählen. Während Du zu Anfang immer vor ein paar Problemen steht und Deine eigenen Schlüsse ziehen musst, hast Du im Laufe Deiner BDSM Karriere nicht nur an Erfahrung, sondern auch an Vorstellung vom Ausmaß Deiner Neigung gelernt. Mit jedem neuen Partner öffnet sich für Dich eine neue Erfahrung und ein Bereich, der nie identisch mit dem Spiel des vorherigen Partners ist.

Selbst bei immer der gleichen bevorzugten Spielart differenzierst Du und erlebst neue Emotionen, neue Handlungen und ganz neue Dinge in der Erotik. Gerade die Vielfalt ist das, was den BDSM zu etwas ganz Besonderem macht und dabei hilft, Deine Lust entsprechend der gewünschten Details zu leben und Dich nicht einem Klischee oder Schema widmen zu müssen. Doch nicht immer ist es die pure Lust, die Deine Neigung begleitet und Dich durchs Leben führt. Gerade in Verbindung mit der Familie oder einem Partner der Deine Neigung nicht teilt, kann sich aus der Lust eine grenzenlose Last auf Deinen Schultern entwickeln.

Auch als devoter Sub musst Du Stärke zeigen, die Du lediglich im Spiel ablegst. Im realen Leben bist Du kein Sub und keinesfalls ein Mensch, der aus Schwäche und Unterwerfung einen Nutzen und Mehrwert für sein Leben ziehen würde. Warum also solltest Du die Rolle nicht von Deinem Leben trennen und praktisch ohne Grenze aus dem erotischen BDSM Bereich in ein reales Leben ohne Selbstbestimmung gleiten?

Mit Absicht wird Dir dieser Fehler nicht unterlaufen. Da es aber gerade in einer festen BDSM Beziehung nur einen sehr schmalen Grat in Form einer Grenze gibt, kannst Du durchaus zu dieser Tendenz neigen und zu spät merken, dass Deine Rolle vom Alltag Besitz ergriffen und auf Dein reales Leben übergeschwappt ist. Nun hat sich die Lust zu einer Last entwickelt und Du weißt nicht, wie Du der Problematik entgehen sollst. Ganz einfach. Packe es an und sprich mit Deinem Partner, der ebenfalls eine Rolle übernommen und Deinen Übergang im BDSM in die Realität erlaubt hat. Hätte er Dich auf Dein Verhalten hingewiesen und mit Dir darüber gesprochen, wäre es gar nicht so weit gekommen. Nein, er trägt keine Schuld. Generell geht es im BDSM nicht um die Schuldfrage, sondern um den richtigen Umgang mit der Lust und mit Dingen, die im wirklichen Leben geschehen.

Hier kann ich noch einmal das Online Rollenspiel ansprechen und Dir die Frage stellen, ob Du im realen Leben ebenfalls als Todesritter oder Jäger durch die Stadt läufst, nur weil Du bei World of Warcraft diese Rolle angenommen hast? Wahrscheinlich nicht, obwohl auch dort der Grat zwischen dem virtuellen und dem realen Leben oft nur ein minimaler Spalt ist. Da es sich aber bei Deiner Erotik nicht um Virtualität, sondern um einen Bereich Deines Lebens handelt, wird Dir der Umgang mit der Rolle mehr Schwierigkeiten bereiten und kann Dich durchaus in eine Lage bringen, in der Du nicht mehr unterscheidest und bestimmte Verhaltensweisen aus dem Spiel ins tägliche Leben übernimmst.

Wo wir gerade beim Spiel sind:

Ob BDSM für Dich die pure Lust ist oder zu einer Last und gar zu einem schlimmen Absturz werden kann, hängt mit den von Dir bevorzugten Spielarten zusammen. Ebenso ist die Partnerwahl ein wichtiges Detail für Deine Erfüllung und dafür verantwortlich, dass Du im BDSM Dein Glück findest und nicht einfach nur einer Neigung nachgehst. Du entscheidest nicht im Ladengeschäft zwischen einem weißen oder roten Top. Du entscheidest über Deinen Körper, Dein Seelenheil und Dinge, die maßgeblichen Einfluss auf Deine Empfindungen haben.

Aus diesem Grund ist es besonders wichtig, dass Du Deine Grenzen nur mit Erfahrung überschreitest und auch dann nur, wenn Du wirklich den Wunsch zur Grenzüberschreitung wünscht und Dich nicht dem Willen Deines Partners unterordnest. Füge Dich nie einem Partner, dem Du nicht wirklich vertraust oder der Dir signalisiert, dass er als Herr hauptsächlich auf seinen Lustgewinn forciert. Natürlich willst Du Dich unterwerfen und ziehst Deinen Lustgewinn aus seiner Herrschaft. Das heißt aber nicht, dass Du keine Bedürfnisse hast und blind einer Anweisung folgst, die im Vorfeld so nicht abgesprochen war. Auch wenn es mit Erotik für Dich zu Anfang nicht viel zu tun hat, ist das Gespräch mit dem Partner das wichtigste Detail vor jeder Session. Dabei spielt es keine Rolle, ob Du ihn kennst oder ob es sich um die erste oder eine folgende Session handelt. Alle Handlungen werden vor jeder Session neu besprochen, es wird auf Details Deiner Wünsche und der Wünsche Deines Partners, sowie auf Erfahrungen von euch beiden eingegangen. Vertrauen ist ebenso wichtig wie die Sicherheit, die sich in einem vertrauensvollen Umgang für Dich in einer Session erhöht.

- ➢ Wo liegen Deine Erwartungen für eine Session?
- ➢ Welche Erfahrungen hast Du bisher gemacht?
- ➢ Was wünschst Du Dir?
- ➢ Wie stellst Du Dir einen optimalen Spielpartner vor?

Das sind nur einige der zahlreichen Fragen, die Dir niemand beantworten kann. Nur Du selbst kennst die Antworten und kannst Sie tief in Deinem Inneren suchen. Als Newbie wirst Du große Erwartungen und wenig Vorstellung von der Realität im BDSM haben. So kann es durchaus zu einer Enttäuschung kommen, setzt Du die Erwartungen zu hoch an und verlangst von Deinem Partner Dinge, die er Dir nicht geben kann oder möchte. Der erfahrene Partner wird sich an Deiner Unerfahrenheit orientieren und großen Wert darauf legen, Dich langsam an die Details beim Spielen im BDSM heranzuführen.

Übe Dich in Geduld und Demut.

Du musst lernfähig sein, da sich der Spaß sonst in Unlust verwandelt und für Dich keine schönen Erfahrungen nach sich ziehen wird. Wenn Du zu schnell voran schreitest und mehr möchtest als Dein Körper oder Deine Seele vertragen, kann auch eine für Anfänger geeignete Spielart in einem Desaster enden und alles erzeugen, aber nicht den von Dir gewünschten und innig erwarteten Lustschmerz. Auch ist Deine Empfindung von der Tagesform abhängig. Hast Du einen stressigen Arbeitstag hinter Dir oder hast Ärger im Büro, solltest Du die geplante Session lieber verschieben.

Deine Emotionen liegen blank und somit senkt sich Deine Grenze, die einen Schmerz in Lust verwandeln und ihn nicht als ungewollte Handlung präsentieren. Wenn Du keine Lust verspürst und dies bemerkst, ist das Safeword Dein Schlüssel in die Freiheit und die Beendigung der Session. Daher solltest Du bei aller Aufmerksamkeit und Konzentration nie vergessen, wie Du Dich Deinem Partner mitteilen und der Session ein Ende bereiten kannst. Du bist zwar der Sub und möchtest gehören und Dich unterwerfen, doch hast Du letztendlich die Zügel in der Hand und bestimmst über den Verlauf, den Beginn und das Ende. Aber auch über die Handlungen die Dein Partner an Dir vornimmt.

Alle Spielarten im BDSM beruhen auf einem gegenseitigen Einverständnis. Deine Lust kannst Du nur uneingeschränkt und pur erleben, wenn sich Dein Partner an Deinen Wünschen orientiert und keine Praktik auf die Agenda setzt, die sich nicht in Deinen Vorstellungen wiederfindet. Das heißt aber nicht, dass Du nichts Neues probieren und Dich in einem fest gefahrenen Schema bewegen musst. Vielmehr heißt dass, das Ihr über alle Details, auch wenn sie noch so klein und unwichtig erscheinen, sprechen und euch Klarheit über die Session verschaffen müsst.

Nicht alle Praktiken die eine Spielart vorsieht, müssen bei Dir auf Akzeptanz stoßen. Deswegen könnt ihr die Spielart trotzdem wählen und lasst den Bereich weg, für den Du nicht bereit bist oder unter dem Du Dir keinen Lustgewinn vorstellen kannst. Alle in Deiner Phantasie erlebten Dinge möchtest Du natürlich live in einer Session spüren und gehst davon aus, dass die Phantasie Dich nicht täuscht und Du real noch mehr Lust verspüren wirst. Diesen Irrglaube möchte ich Dir nehmen und Dir zeigen, dass die Realität ganz anders ist als ein Traum, auch wenn Du diesen schon mehrfach geträumt und ihn Dir in den schönsten Farben ausgemalt hast. Dir gegenüber steht Dein Spielpartner. Ein realer Mensch.

Ein Partner mit Phantasie und mit Träumen. Aber auch ein Partner mit eigenem Handling und eigenen Ideen. Die Schläge aus Deinem Traum können in der Realität ganz andere Emotionen auslösen und beispielsweise zu schwach oder zu stark sein. Aus diesem Grund solltest Du Deine Phantasie zwar nutzen und Deinem Partner alle Wünsche erzählen, ihn aber auch darauf hinweisen, wenn Deine Erfahrung sich auf diesem Gebiet nur auf Deine Phantasie, auf Träume oder auf erotische Filme bezieht. Er muss Dich kennen, selbst wenn Du anonyme Sessions bevorzugst. Nicht Dein Name oder Deine

Adresse sind für ihn interessante Fakten. Wohl aber die Impressionen aus Deinem Leben, die sich auf die Session auswirken und die Deinen Partner darüber in Kenntnis setzen, wie weit Du wirklich bist und wie weit er bei Dir gehen kann.

Die grenzenlose Lust wirst Du schätzen und wirst, bist Du dem BDSM erst einmal verfallen, sie nicht mehr loslassen können. Es muss Dir nicht ungewöhnlich erscheinen, wenn der normale Sex mit Deinem Partner auf einmal eintönig wirkt und Du keinen Höhepunkt mehr erzielst. Das war bestimmt vorher auch schon so, wenn Du ehrlich mit Dir selbst bist. Wie oft lagst Du da und hast Dir gewünscht, er würde fertig oder er würde mehr auf Deine Wünsche eingehen?

Hand aufs Herz. Das war bestimmt nicht nur einmal der Fall. Also musst Du es auch jetzt nicht überbewerten und meinen, dass die Vorliebe zum BDSM Deine Empfindungen für normalen Sex minimiert und eingedämmt hat. Natürlich ist Deine Lust an den Schmerz gekoppelt. Sonst hättest Du Dich nicht für BDSM entschieden und wärst nicht auf den Gedanken gekommen, dass Du den Lustschmerz wie die Luft zum Atmen brauchst.

Doch ist lediglich Dein Outing, nicht die Emotion um die Angelegenheit neu. Also mache Dir nichts vor und glaube nicht, dass sich Deine Emotionen praktisch über Nacht verändert haben. Denn dem ist nicht so. Du bist nur begierig darauf, Deine neuen Erfahrungen zu machen und tendierst dazu, bisher Gewesenes abzuwerten. Das ist vollkommen normal und ich kann es Dir aus eigener Erfahrung sagen. Auch ich habe an mir gezweifelt und habe überlegt, warum ich auf einmal nichts mehr empfinde. Mir ist sogar in den Sinn gekommen, ich wäre abgestumpft und würde in einer normalen Beziehung nie wieder gut aufgehoben und glücklich sein. Doch das hat sich schnell widerlegt und heute führe ich eine normale Beziehung, die sich auf erotischer Ebene im BDSM ansiedelt.

So wie meine Lust für mich keine Last ist und mein Leben als Unternehmerin und starke Persönlichkeit nicht beeinträchtigt, kannst auch Du die erotische Ebene von der Realität lösen und kannst Deine Leidenschaft im BDSM ausleben. Mit dem richtigen Partner, aber auch mit wechselnden Partnern wird Deine Lust für Dich eine sehr entspannende Wirkung haben und wird Dir pures Glück bescheren. Wenn Deine erste Neugier gestillt ist, wirst Du viel ruhiger und überlegter mit Deiner neuen Sexualität und Erotik umgehen.